# PARDONNER…
# JUSQU'OÙ ?

DU MÊME AUTEUR
AUX ÉDITIONS DU CERF

dans la collection « Épiphanie »

*L'Esprit se joint à notre esprit*, 2011.

*Aimer jusqu'à l'extrême. Martyrs pour le Christ*, 2008.

*Maître, explique-nous ! Questions des disciples de Jésus*, 2005.

*Petites Béatitudes*, 2004.

PAUL-DOMINIQUE MARCOVITS

# PARDONNER... JUSQU'OÙ ?

*Épiphanie*

LES ÉDITIONS DU CERF
www.editionsducerf.fr
PARIS

2013

*Imprimé en France*


www.editionsducerf.fr
24, rue des Tanneries
75013 Paris

ISBN 978-2-204-09969-1
ISSN 0750-1862

## Avant-propos

# Combien de fois pardonnerai-je ?

Cher saint Pierre ! Il pose les questions qui sont nôtres. Et s'il en est une qui ne cesse de nous accompagner, c'est bien celle-là ! Il y a des limites à ne pas dépasser. Pourtant nous sentons, bien souvent, qu'il faudrait justement dépasser nos limites, tirer du fond de soi la force de pardonner. Mais que c'est difficile !

Nous ne dirons jamais assez qu'il faut du temps pour arriver à pardonner. C'est un travail long, douloureux, mais combien libérateur ! Un pardon trop rapide peut détruire, mais un pardon remis à plus tard, ou surtout refusé, est un cancer de l'âme. Un jour, il faut y aller.

Le pardon est le plus beau nom de l'amour. Que serait l'amour sans lui ? Il serait sans racine et sans avenir. Sans racine, car l'émerveillement de l'amour implique toujours un regard de miséricorde sur l'autre. Sans avenir, car le pardon restaure toujours les relations et permet à l'amour de devenir de plus en plus solide. Le mariage, la fraternité, l'amitié sont des écoles d'amour et de pardon.

*Dieu est Amour* (1 Jn 4, 8 [1]) : ce titre est indépassable. Mais nous qui cherchons de toutes nos forces à nous aimer les uns les autres, à aimer Dieu, comment accéder à cette réalité sinon par le pardon ? Lorsque deux êtres se pardonnent, l'amour se décuple.

Le pardon est un chemin. Nous allons le prendre pour découvrir combien Dieu nous aime et combien nous pouvons aimer Dieu ; nous allons le prendre pour découvrir que nous sommes capables de nous aimer les uns les autres et donc de nous pardonner. Nous avons en nous ce qu'il faut pour y parvenir. Chemin de pardon, chemin d'amour vrai, chemin de bonheur.

Ce livre est l'écho de conférences données les vendredis du carême 2012 en la chapelle de la Médaille miraculeuse, rue du Bac, à Paris. C'est un lieu de pèlerinage, de prière, de réconciliation, c'est un lieu bouleversant : le monde entier y défile et beaucoup trouvent, à la lumière de la Vierge conçue sans péché, le chemin de la réconciliation avec Dieu, avec le prochain. Nous pouvons avoir recours à Marie pour entrer dans la joie du pardon.

---

1. Les citations bibliques sont extraites de la Bible de Jérusalem.

# 1

# Pour pardonner, il faut du temps

# Irai-je jusqu'à sept fois ?

*Alors Pierre, s'avançant, lui dit : « Seigneur, combien de fois mon frère pourra-t-il pécher contre moi et devrai-je lui pardonner ? Irai-je jusqu'à sept fois ? » Jésus lui dit : « Je ne te dis pas jusqu'à sept fois, mais jusqu'à soixante-dix-sept fois »* [Mt 18, 21-22].

Pierre est large ! Pardonner sept fois de suite, c'est magnifique ! Le chiffre sept désigne une plénitude. Pierre est généreux. Nous sommes de son avis. Cependant, Pierre semble mettre une limite : il s'arrête quand même à sept. On le comprend : il y a des bornes à ne pas dépasser. L'expérience montre que nous pouvons pardonner, pardonner, pardonner… Vient un moment où l'on se lasse peut-être, surtout il nous semble qu'il ne faut pas abuser de notre cœur. « Si tu ne changes pas, si toujours tu recommences, comment puis-je croire en ton amour ? Si tu m'aimais, tu ferais bien un effort ! Or, rien. » Un jour, on baisse les bras, on reprend son cœur, on s'en va. Est-ce la bonne solution ?

Pardonner ! Quelle est la dernière personne qui m'ait traité d'imbécile ? J'ai oublié. Le pardon fut sûrement facile : si je ne suis pas un génie, je ne suis tout de même pas un imbécile. Donc, passons. En revanche, il y a des pardons difficiles. Certains ont subi des outrages dans leur chair, d'autres ont été longtemps maltraités par leurs parents… Une femme m'a confié, un jour, que sa mère aurait voulu un garçon et c'est elle qui est née ! Elle fut méprisée tout au long de sa vie. Oui, il y a des pardons difficiles ! La liste est longue encore : disputes autour d'un héritage, coups bas au travail, jalousies… Nous avons chacun notre histoire. Et Jésus ne cesse de nous dire : *Pardonnez-vous les uns aux autres* ! Pardonner est difficile ! Pierre est large ! Aller jusqu'à sept fois ! Beaucoup n'y arrivent déjà pas la première fois.

Jésus, lui, approuve Pierre. Mais il va beaucoup plus loin. *Je ne te dis pas jusqu'à sept fois, mais jusqu'à soixante-dix-sept fois.* Certaines traductions disent : *Jusqu'à soixante-dix-sept fois sept fois* ! Si je calcule, cela fait : 539 fois… Jésus veut dire par là : il n'y a pas de limite au pardon, le pardon est de soi infini ! Magnifique ! Mais cela redouble notre problème ! Est-il possible d'aller jusque-là ? Est-il possible d'entrer dans un tel élan d'amour qui dépasse toutes les horreurs, les abominations ? Pardonner sans fin, est-ce à notre portée ?

Je voudrais que nous arrivions à comprendre que cela est possible, que Jésus ne nous met pas devant un idéal impossible à atteindre. Mais, c'est vrai, il faut un long chemin pour arriver à entrer dans cette vue miséricordieuse du Seigneur. Ce chemin, si vous le voulez bien, nous allons le faire ensemble avec la grâce de Dieu.

Comment commencer ? Par le commencement : Dieu pardonne. Dieu pardonne sans fin, sans limite… Nous ne pouvons rien dire de solide et de durable sur notre possibilité de pardon sans ce commencement. Nous ne pourrons pardonner que si, d'abord, nous avons fait l'expérience d'avoir été pardonnés par Dieu. Et pardonnés par ceux par lesquels Dieu passe pour nous faire miséricorde. C'est le sens de la parabole qui suit la question de Pierre : *Combien de fois pardonnerai-je ?*

> À ce propos, il en va du Royaume des Cieux comme d'un roi qui voulut régler ses comptes avec ses serviteurs. L'opération commencée, on lui en amena un qui devait dix mille talents. Cet homme n'ayant pas de quoi rendre, le maître donna l'ordre de le vendre, avec sa femme et ses enfants et tous ses biens, et d'éteindre ainsi la dette. Le serviteur alors se jeta à ses pieds et il s'y tenait prosterné en disant : « Consens-moi un délai, et je te rendrai tout. » Apitoyé, le maître de ce serviteur le relâcha et lui fit remise de sa dette. En sortant, ce serviteur rencontra un de ses compagnons, qui lui devait cent deniers ; il le prit à la gorge et le serrait à l'étrangler, en lui disant : « Rends tout ce que tu dois. » Son compagnon alors se jeta à ses pieds et il le suppliait en disant : « Consens-moi un délai, et je te rendrai. » Mais l'autre n'y consentit pas ; au contraire, il s'en alla le faire jeter en prison, en attendant qu'il eût remboursé son dû.

Voyant ce qui s'était passé, ses compagnons en furent navrés, et ils allèrent raconter toute l'affaire à leur maître. Alors celui-ci le fit venir et lui dit : « Serviteur méchant, toute cette somme que tu me devais, je t'en ai fait remise, parce que tu m'as supplié ; ne devais-tu pas, toi aussi, avoir pitié de ton compagnon comme moi j'ai eu pitié de toi ? » Et dans son courroux son maître le livra aux tortionnaires, jusqu'à ce qu'il eût remboursé tout son dû. C'est ainsi que vous traitera aussi mon Père céleste, si chacun de vous ne pardonne pas à son frère du fond du cœur [Mt 18, 23-35].

## La gratuité du pardon de Dieu.

Voilà un serviteur qui doit à son maître dix mille talents, soit soixante millions de francs-or. J'aurais pu chercher l'équivalent en euros... Peu importe, c'est une somme exorbitante, qui dépasse l'imagination ! Comment détourner un tel océan d'argent ? Le chiffre est choisi à dessein par Jésus. Car la dette de l'homme vis-à-vis de Dieu est un peu de cet ordre. L'homme n'a pas aimé Dieu. Comment est-il possible de ne pas aimer celui qui est l'amour ? Si, une seule fois, nous avons réalisé combien Dieu nous aimait, quelle douleur pour nous de ne pas y répondre ! Notre péché est là : malgré tout ce que Dieu fait pour nous, nous ne savons pas aimer. Notre dette est là. Toute l'histoire d'Israël rapportée dans les Écritures, toute cette histoire qui est la nôtre, raconte la faiblesse, l'instabilité de notre amour, notre infidélité.

Le serviteur, pour s'en tirer, demande un délai pour rembourser, même si on se demande comment ! Il ne demande pas une indulgence à son égard, il se situe avec justesse vis-à-vis de sa faute. *Consens-moi un délai !* Mais le maître ne consent pas de délai. Il lui remet sa dette. Voilà l'extraordinaire miséricorde de Dieu, son pardon plus large que tous les océans des fautes… Dieu ne regarde pas d'abord le péché, il regarde le pécheur. Il ne regarde pas la faute, mais l'homme. Dieu nous aime. Il suffit de faire un pas vers lui. Il fait confiance.

Cette gratuité du pardon, sainte Catherine de Sienne, dominicaine du XIVe siècle, docteur de l'Église, patronne de l'Italie et de l'Europe, l'écrit :

> Ainsi donc, Père éternel, comment as-tu créé cette tienne créature ? De cela, je suis fort stupéfaite ; et vraiment je vois, comme tu me le montres, que pour aucune autre raison tu l'as faite sinon qu'avec ta lumière, tu t'es vu contraint, par le feu de ta charité, de nous donner l'être, malgré les iniquités qui devaient être commises contre toi, Père éternel. Donc, le feu t'a contraint. Ô amour ineffable, bien que dans ta lumière tu aies vu toutes les iniquités que ta créature devait commettre contre toi, infinie bonté, tu as fait comme si tu ne voyais pas, mais tu as posé ton regard sur la « beauté » de ta créature, de laquelle, comme fou et enivré d'amour, tu t'es enamouré – et par amour tu l'as tirée de toi et lui as donné l'être à ton image et ressemblance […] Si tu avais vu principalement cette offense, tu aurais oublié l'amour que tu avais à créer l'homme

[…] Mais tu t'es fixé dans l'amour, parce que tu n'es que feu d'amour, fou de ta créature [1].

Le maître de la parabole, c'est Dieu ! Il ne regarde pas nos fautes. Il est fou d'amour pour nous. Au premier pas, il court vers nous. Ici, il remet la dette de ce serviteur ; là, il court vers l'enfant prodigue qui revient. Là, il est le pasteur qui part à la recherche de la brebis qui est perdue, qui est malade de son errance. Ici encore, il montre sa miséricorde à Marie-Madeleine… Jésus va sur tous les chemins d'Israël à la recherche des pécheurs pour les ramener vers son Père. Il crie à tous : *Venez à moi, vous tous qui peinez et ployez sous le poids du fardeau,* […] *car je suis doux et humble de cœur !* (Mt 11, 28-30.) Toujours, Dieu montre son amour au pécheur ! Le père Lataste, dominicain du XIX<sup>e</sup> siècle, l'apôtre des prisons, fondateur des Dominicaines de Béthanie, « dominicaines des prisons », comme souvent on les appelle, qui fut récemment béatifié, aimait dire : « La miséricorde poursuit le pécheur [2]. »

Comment ne pas recevoir cet amour ? Vous tous qui passez dans une église et qui déposez votre fardeau au Seigneur, souvent par l'intercession de

---

1. CATHERINE DE SIENNE, *Les Oraisons, Oraison IV*, traduction de Lucienne Portier, Paris, Éd. du Cerf, coll. « Sagesses chrétiennes », 1992, p. 22.

2. Jean-Joseph LATASTE, *Prêcheur de la miséricorde. De la prédication aux détenues à la fondation des Dominicaines de Béthanie*, J.-M. Gueullette, o.p. (éd.), Paris, Éd. du Cerf, coll. « Épiphanie », 1992, p. 115.

Notre-Dame, confiez-vous sans crainte à Dieu ! Il a des stratagèmes très efficaces pour prendre sur ses épaules les brebis les plus malades et il sait les ramener à son Père. Toute l'expérience chrétienne est là : le Seigneur sauve. Expérience prodigieuse ! Dieu m'a pardonné ! Il n'est pas nécessaire d'avoir fait les crimes les plus horribles pour le comprendre. Ce n'est pas que Dieu minimise la faute ou la responsabilité de l'homme. Non, il prend au sérieux nos actes, les bons comme les mauvais. Nos péchés habituels, peu glorieux, peu originaux, peu intéressants, sont pourtant des occasions pour découvrir que Dieu nous aime tels que nous sommes. Nous pouvons lever les yeux sans honte vers lui. Et si notre conscience a été un jour très lourdement chargée, si elle l'est encore, les portes du pardon de Dieu sont toujours ouvertes. Recevoir le pardon de Dieu, c'est recevoir la liberté, la vie ; c'est enfin être dégagé des filets de la mort, respirer au bon air de Dieu. Dieu nous aime et il ne veut qu'une seule chose, que nous l'aimions. Le bienheureux père Lataste disait aux prisonnières auxquelles il prêchait : « Pour vous assigner une place dans son cœur et plus tard dans son Ciel, Dieu ne vous demandera pas si vous êtes demeurées toujours pures, toujours fidèles, il vous demandera si vous l'aimez beaucoup [1]. »

1. *Ibid.*, p. 131.

## Pardonner à notre tour.

Voilà la source du pardon. Nous avons reçu le pardon de Dieu. Enfin libres ! Conséquence immédiate, nous pouvons pardonner aux autres à notre tour. Le pardon reçu est si grand, si recréateur, que nous ne pouvons que le transmettre aux autres. Pardonner à notre tour, ce sera peut-être un long chemin, mais on se lance !

Or, c'est ce que ne fait pas le serviteur de la parabole. Il rencontre un collègue qui ne lui doit trois fois rien, une somme légère… Ce collègue le supplie dans les termes mêmes où il a supplié son maître ; il n'entend rien, son cœur est fermé à toute négociation, à toute indulgence, à tout pardon. Il ne pardonne pas. Que s'est-il passé ? Ce serviteur à la dette exorbitante a été pardonné : au lieu de s'en réjouir, il s'est senti humilié. Le pardon humilie celui qui est orgueilleux. Le pardon gêne celui qui se croit supérieur aux autres… Ce serviteur aurait voulu continuer son trafic, surtout sans être vu ; il a été découvert, cela lui fait perdre sa couronne… Pourtant, le maître lui laisse tout l'argent, apparemment ; mais là n'est pas la question : il ne veut pas avoir été humilié par la bonté de son maître. Comme le disait un jour un prisonnier à l'aumônier de sa prison : « Ah ! J'ai été pris ! Mais la prochaine fois, ils ne m'auront pas ! » L'orgueil le perd. Disons-le en un mot : le maître lui a donné son pardon, mais ce pardon, lui ne l'a pas reçu. Jésus veut nous montrer exactement le contraire.

Cette parabole nous donne de pouvoir répondre à la question du début : est-il possible de pardonner ? J'ai dit de commencer par le commencement. Voici la source de tout : recevoir le pardon de Dieu, recevoir aussi le pardon que des frères ou des sœurs nous ont donné un jour ou l'autre, pardon pour quelque chose d'important ou pour des choses simples… Le pardon reçu est la source du pardon que nous pouvons donner. Voilà la porte d'ouverture sur le pardon. L'élan du pardon est en Dieu. Les grandes célébrations pascales en déploient les splendeurs.

*Pour pardonner, il faut du temps.*

Avant de conclure, qu'il me soit permis de vous donner quelques avis pratiques, conséquence de ce que je viens de vous dire.

Pour entrer dans le pardon que Dieu demande, la première chose est donc de faire mémoire des pardons reçus de Dieu. C'est la première chose « en importance ». Mais, concrètement, ce n'est pas toujours possible. Nous pouvons être submergés par de grands sentiments de violence, de fureur, de colère : certaines insultes nous révoltent et nous voilà envahis par le désir, peu charitable mais fort, de régler son compte à l'autre, de dénoncer sa méchanceté. Ce qui nous habite là est apparemment loin des belles paroles que je vous ai dites. Non. Simplement, il faut du temps pour arriver à avoir conscience des pardons reçus de Dieu. Il nous faut encore plus de temps pour envisager de pardonner à notre tour. Notre sensibilité est trop bouleversée. Une sensibilité ne se calme pas d'un coup de baguette magique. Que faire ? Trois choses :

*Ne pas s'étonner.*

Quand nous n'aurons plus de sensibilité, nous ne serons tout simplement plus humains.

*Dire à Dieu notre fureur présente.*

Dieu nous aime tels que nous sommes, pas seulement « en général », mais dans les situations particulières où nous sommes. Il faut dire au Seigneur ce qui nous rend furieux. Les Psaumes sont ici d'un grand secours. Le psalmiste crie si souvent d'être humilié par ses ennemis ! *Tous les jours leurs paroles me blessent, ils ne pensent qu'à me faire du mal* (Ps 56 [55], 6) ; ou encore : *Délivre-moi, Seigneur, de l'homme mauvais, contre l'homme violent, défends-moi !* (P 140 [139], 5) ; ou encore ce verset 22 du psaume 139 (138), il sonne fort à nos oreilles : *Je les hais d'une haine parfaite !*

Sans honte, crions tout cela à Dieu : il comprend, il écoute et, déjà, il apaise le cœur, il rend justice.

*Demander au Seigneur la grâce du pardon.*

Oui, il est bien de le faire. Pourtant attention ! Bien souvent, il ne faut pas aller trop vite. Des pardons trop rapides sont comme des couvercles qui ferment mal : un jour, tout explose ; ou bien comme des dents mal nettoyées (pardonnez l'image) : une crise forte surgira bien vite. Non, il est bon, en certaines affaires, de laisser l'aigreur de notre cœur se vider, nos colères se répandre... mais devant Dieu ! Devant Dieu et aussi devant un ami ou un prêtre qui comprend.

Concluons simplement. Tout pardon à autrui vient du pardon reçu de Dieu. Mais on ne dira jamais assez combien il faut du temps pour certains pardons. Dieu fait son œuvre progressivement en nous.

Seigneur notre Dieu,
tu as merveilleusement créé l'homme
et tu l'as plus merveilleusement
encore recréé par ton pardon ;

par l'intercession de la bienheureuse Vierge Marie,
donne-nous de recevoir ta miséricorde
dans un cœur simple et joyeux.
Par Jésus, le Christ, notre Seigneur.

# 2

# Pardonner, un acte de foi et non d'abord de la sensibilité

# Augmente en nous la foi

> *« Si ton frère vient à pécher, réprimande-le et, s'il se repent, remets-lui. Et si sept fois le jour il pèche contre toi, en disant : "Je me repens", tu lui remettras. »*
> *Les apôtres dirent au Seigneur : « Augmente en nous la foi. » Le Seigneur dit : « Si vous aviez de la foi comme un grain de sénevé, vous auriez dit au mûrier que voilà : "Déracine-toi et va te planter dans la mer", et il vous aurait obéi ! »* [Lc 17, 3-6.]

Les pardons reçus de Dieu sont source de nos pardons à autrui. Pardonnés, nous pardonnons aux autres. Les paroles du Seigneur que nous venons d'entendre nous le rappellent encore : *Si sept fois ton frère pèche contre toi et se repent, pardonne-lui.*

Maintenant, le Seigneur va encore nous faire avancer. La demande des disciples est très juste : *Augmente en nous la foi.* Ils ont compris. Le pardon est affaire de foi. Jésus le confirme avec l'image d'une foi petite comme un grain de sénevé qui déplace un mûrier dans la mer. Oui, le pardon est un acte de foi et non d'abord de la sensibilité.

Un acte de foi et non d'abord un acte de la sensibilité. Pour entrer dans cette admirable réalité, permettez-moi de vous demander de vous transporter en esprit à la prison de Cadillac, non loin de Bordeaux. Nous sommes en 1864. Cette prison est l'ancien château des ducs d'Épernon passablement abîmé par les temps de la Révolution française. Lieu insalubre et sinistre, cette prison de femmes est très peuplée. Un matin, très tôt, pour ne pas empiéter sur l'horaire habituel du travail, le jeune dominicain de trente-deux ans, le père Marie Jean-Joseph Lataste, prêtre depuis un peu plus d'un an, commence la prédication d'une retraite à ces détenues à la demande de l'aumônier. Après quelques mots d'introduction, le père Lataste prononce ces paroles bouleversantes de vérité et de miséricorde où la foi rayonne :

> Je ne sais si vous avez pris garde à ceci. En commençant, comment vous ai-je appelées ? – Mes chères sœurs – Mes chères sœurs ! Comprenez-vous cela ? Que m'êtes-vous après tout ? Hier, je ne vous connaissais pas et dans quelques jours nous nous séparerons peut-être pour ne plus nous revoir ici-bas. Bien plus, vous êtes des femmes dégradées (nous pouvons bien nous dire nos vérités, nous sommes en famille). Vous êtes des femmes dégradées, avilies, mises au ban de la société, si vous sortiez d'ici, si l'on savait d'où vous sortez, on vous montrerait du doigt, on se méfierait de vous, on ne voudrait pas de vous peut-être même pour servante ou pour femme de peine. Je n'approuve point cela, je sais bien que c'est injuste souvent, cruel, tout ce que vous voudrez. Mais enfin, cela est ainsi.

Et moi, moi Ministre de Dieu, consacré quoique très indigne, au service de ses autels, voué pour toute ma vie à la privation absolue de tout ce dont vous avez abusé, volontairement lié par les vœux perpétuels de pauvreté, d'obéissance et de chasteté, moi je viens à vous de moi-même, sans attendre que vous m'ayez appelé, et, vous tendant les mains, je vous appelle : mes bonnes, mes pauvres, mes chères sœurs. Et ce n'est pas là une parole banale, je suis tout prêt à faire pour vous plus encore. Vous n'avez qu'à le vouloir, qu'à le désirer, qu'à vous présenter à la porte du saint tribunal et là, ce ne sera plus un frère seulement que je serai pour vous, ce sera tout ce qu'il y a de plus doux et de plus aimant sur la terre. Vous m'appellerez : « mon Père ! » et je vous nommerai : « mes enfants ! » et il s'établira entre nous, si vous le voulez, les relations de la plus franche, la plus sincère, la plus cordiale intimité qui fut jamais ; je vous ouvrirai mon cœur et vous m'ouvrirez le vôtre, et ces liens, quoique ne devant durer que quelques jours, seront si forts et si sacrés, que la mort même ne les pourra détruire et que nous les retrouverons au Ciel un jour, si nous y allons vous et moi [1] !

Extraordinaire prédication ! Comment ne pas imaginer ces prisonnières au crâne rasé, un méchant foulard sur la tête, bouleversées d'entendre, peut-être pour la première fois de leur vie, des paroles si vraies et si touchantes d'amour. Le ton de ce prêtre nous

1. Jean-Joseph LATASTE, *Prêcheur de la miséricorde. De la prédication aux détenues à la fondation des Dominicaines de Béthanie*, J.-M. Gueullette, o.p. (éd.), Paris, Éd. du Cerf, coll. « Épiphanie », 1992, p. 70-72.

touche encore aujourd'hui. Que dire d'essentiel sur la prédication de ce bienheureux dominicain ? La source de ce discours, c'est la foi. La foi est le ressort de sa présence, du ton affectueux qui l'anime, de la compréhension du drame de ces femmes. La foi est la source de tout en lui. Il ne suffit pas que le spectacle de ces prisonnières bouleverse sa sensibilité de jeune homme issu d'une famille honorable de Bordeaux, il ne suffit pas même que les souvenirs de son enfance où il passait devant cette prison aient évoqué en lui une pitié généreuse ; il lui faut davantage lorsqu'il entre en un tel lieu. Il lui faut la foi, la foi profonde en Dieu qui peut tout, en Dieu qui peut faire avec de grandes pécheresses des saintes, comme il le leur dira : « Les plus grands pécheurs ont en eux ce qui fait les plus grands saints. » La foi fait voir avec les yeux de Dieu.

Pour nous, ici, comprenons : il n'y a pas d'autre chemin pour pardonner, pour regarder les autres autrement, que le regard de la foi. Le pardon est un acte de foi, un acte qui vient de Dieu. Voici le chemin :

*Première étape.*

Je le disais précédemment. Il faut du temps pour que nos sentiments de révolte s'expriment. Progressivement, un doute surgit peut-être : ai-je raison de garder ainsi rancune, ne faudrait-il pas regarder autrement cette méchanceté de l'autre, non point la nier mais peut-être la regarder de plus haut ? Une quête alors monte en nous : quel est le chemin du pardon ? Ne serait-ce pas de regarder l'autre autrement ?

*Deuxième étape.*

Demander la grâce du pardon. On cherche, on cherche, on cherche… Mais il y a nos blocages, notre susceptibilité, l'histoire de nos blessures surtout : il y a en effet des points de nous-mêmes qui sont trop meurtris ; si une blessure nouvelle vient, que c'est douloureux ! Aussi nous sentons nous impuissants à pardonner. Par nous-mêmes, nous ne pouvons rien, semble-t-il. Alors, nous demandons la grâce du pardon. Enfin, nous désirons arrêter de lutter contre tout ce qui s'agite en nous contre l'autre… Nous nous tournons vers Dieu. C'est le cri ! « Seigneur, à mon secours ! Augmente en moi la foi ! »

*Troisième étape.*

Le pardon de Dieu commence à grandir en nous. À la fois, Dieu nous donne sa grâce, et nous nous jetons dans le pardon de Dieu. « Si cette personne m'a tant blessé, je suis aussi un pécheur ! C'est toi, Seigneur, qui es la vie ! J'ai confiance en toi. Allons, je me décide, je vais pardonner. » Le pardon va alors se développer. Cette troisième étape est décisive, car elle est source de libération pour soi-même et pour l'autre.

Quelques mots pour commenter ce moment où l'on bascule, si je puis dire, dans le pardon.

Pardonner devient un acte précis. Avec la grâce de Dieu, il s'agit de décider, de vouloir ceci : mettre notre pardon dans le pardon de Dieu. Mettre notre pardon dans le pardon de Dieu ? Oui, je viens de le dire, bien des pardons naissent en nous douloureusement ; ils sont encore, en leur début, fragiles. Iront-ils, dans leur croissance, jusqu'au bout, jusqu'à leur plein épanouissement ? Ne faisons pas les fiers. Mettre notre pardon dans le pardon de Dieu va permettre à notre pardon de trouver vigueur et force. Le pardon de Dieu va porter ce qui n'est encore qu'au début. Le pardon de Dieu va frayer un chemin à notre pardon en dehors des tentations, des doutes, des tempêtes qui voudraient revenir. Le pardon de Dieu est source de tout pardon, comme l'amour de Dieu est source de tout amour sur cette terre et au ciel. Le pardon et l'amour s'épanouissent par l'œuvre de la miséricorde de Dieu !

*Quatrième étape.*

Il est heureux de sanctionner ce pardon, de l'officialiser dans le sacrement du pardon : là, le prêtre dit : « Je te pardonne tous tes péchés. » Certes, l'innocent ne peut s'accuser de la faute de l'autre. Lorsque quelqu'un a été abîmé en sa chair durant sa jeunesse, le prêtre fait œuvre de libération quand il lui dit : « Vous n'êtes pas coupable. » Cette parole déculpabilise et libère. Le prêtre que je suis a vu de grandes choses : le pardon donné à autrui après un long chemin, ce pardon mis dans le pardon sacramentel de Dieu rend enfin libre et redonne la paix. Lorsque je dis en effet au nom du Seigneur : « Je te pardonne… », il me semble reprendre les mots mêmes du Seigneur : *Va ! Ta foi t'a sauvé.* Oui, la foi a mené le pardon des débuts douloureux jusqu'à la paix. Dans le sacrement, nous recevons de Dieu la grâce du pardon, la force de pardonner ainsi que la manière de le faire.

*Cinquième étape.*

Rendre grâce. Comme c'est naturel ! Enfin libéré de ce qui me séparait de l'autre ! Ce qui séparait, c'était l'absence de foi. C'était ce regard tronqué sur autrui. Maintenant, je regarde à la lumière de Dieu. À ce propos, je voudrais vous citer une parole très juste d'un penseur danois du XIXe siècle, fort tourmenté par la recherche du salut, Sören Kierkegaard. Il note : « Le contraire du péché, ce n'est pas la vertu mais la foi. » Nos vertus sont si pauvres ! Notre foi, portée par le Saint-Esprit, est si grande ! Voilà la raison de la joie : l'Esprit-Saint nous fait passer toutes les frontières.

Pour éclairer ces étapes, permettez-moi de vous raconter une histoire. J'étais en pèlerinage à Lourdes. Je passais par l'esplanade et j'entends quelqu'un qui m'appelle. Je me retourne et vois arriver une sœur que je connaissais bien. Je l'accompagnais depuis longtemps sur son chemin spirituel. Cette sœur me dit dans un souffle : « Mon père, je viens de voir sœur une telle ! » Je comprends aussitôt : cette sœur une telle avait été fort odieuse au point qu'il avait été nécessaire de les séparer. Donc, voilà la sœur que je connais qui retrouve cette sœur au caractère si difficile : elles ne s'étaient pas vues depuis vingt ans. Je demande : « Que s'est-il passé ? » Elle me répond : « Je descendais du train sur le quai de la gare » (entre parenthèses : cette sœur a dû descendre les marches avec solennité car elle était de taille imposante…) « et voilà que je vois descendre du train d'en face sœur une telle ! » Je demande : « Et alors ? » Réponse : « Je lui ai dit, pour sauver la face, "Bonjour, ma sœur !" Elle me répond : "Bonjour, ma sœur !" Moi : "Il fait beau !" Elle : "Oui, parce qu'à Lourdes, lorsqu'il pleut, c'est vraiment ennuyeux !" Enfin, j'ai dit : "Au revoir, ma sœur !" Elle : "Au revoir, ma sœur !" » Commentaire de cette sœur devant moi : « Ah ! Mon père ! Vous savez, quelle surprise de la revoir ! Tout est remonté ! Toute ma sensibilité s'est réveillée… Mais que voulez-vous, tout était là, sauf ma rancœur contre elle, je n'avais plus rien contre elle ! » Le chemin du pardon avait été fait. Je me souviens du pardon qu'elle avait donné à sa sœur et du pardon de Dieu qu'elle avait reçu par mon ministère. La sensibilité était toujours là… Mais le pardon de Dieu avait pris la place centrale.

Oui, le pardon est d'abord un acte de foi, avant d'être un acte de la sensibilité. Si l'on attend que la sensibilité se calme, on risque d'attendre longtemps. Nous ne pouvons être conduits par nos sentiments ; c'est la foi, c'est notre décision de foi de mettre notre vie en Dieu, notre pardon dans le pardon de

Dieu qui doit être le moteur de notre conduite. Progressivement, comme le montre l'histoire que je viens de vous raconter, la sensibilité se calme, s'apaise, peut-être qu'elle ne disparaîtra pas, mais elle n'est plus dominatrice. C'est la foi qui domine. C'est Dieu qui domine. Progressivement, le brouillard s'en va et le soleil de Dieu paraît.

J'ai bien conscience de laisser encore dans l'ombre bien des questions, mais nous ne sommes pas au bout de notre parcours. Et puis, comment épuiser un tel sujet ? Pour l'instant, permettez-moi d'éclairer un peu la parole du Seigneur : *Si ton frère vient te demander pardon sept fois par jour, pardonne-lui !* La question : et s'il ne vient pas demander pardon ? Certes, nous souhaitons que l'autre demande pardon. Il y a là une question de justice. Il importe que celui qui nous a fait du mal se rende compte des blessures qu'il nous a faites. Oui, c'est une question de justice. Nous attendons et nous avons raison. Lorsque cela se produit, quel allègement ! L'amour blessé devient incomparablement plus fort, car le pardon est un des plus beaux titres de l'amour. Cette expérience du pardon fait partie du chemin normal du mariage ou de l'amitié ou de la vie fraternelle…

Pourtant certains sont incapables de demander pardon ; il semble qu'ils vont perdre leur couronne posée sur leur tête, alors qu'ils gagneraient au contraire en dignité ! Ils ne demandent pas pardon et pensent que les autres n'ont qu'à digérer leur blessure… D'autres sont même incapables de présenter leurs excuses. Cela est douloureux pour celui qui a été blessé. Le pardon à autrui devient plus difficile, plus long surtout à donner. Que faire ? Ne pas arrêter le processus du pardon. Chacun doit jouer sa partie, aucun n'est dispensé de jouer la sienne : l'offensé de pardonner, l'offenseur de demander pardon. La victime doit faire son parcours et le pardon offert sera comme les *charbons ardents* au-dessus de la tête de l'autre, pour reprendre l'expression de saint Paul (Rm 12, 20) ! Ces charbons vont fondre l'orgueil de sa méchanceté ! Ainsi fit le Seigneur sur la croix : *Père, pardonne-leur : ils ne savent pas ce qu'ils font* (Lc 23, 34). Je ne vois pas d'autre chemin que celui de notre Sauveur : il implore le pardon de son Père pour nous avant que nous n'ayons encore rien demandé. Le pardon de Dieu est gratuit. Notre pardon doit être gratuit comme l'amour est gratuit. Voilà où la foi nous conduit : mettre notre pardon dans le pardon de Dieu, quels que soient les sentiments, les attitudes de l'autre.

Dieu, Père plein de miséricorde,
par l'intercession de la bienheureuse Vierge Marie,
donne-nous de croire en la puissance de ton pardon.

Que ta grâce de miséricorde se déploie en nous
pour que nous parvenions à la paix.
Par Jésus, le Christ, notre Seigneur.

# 3

# Pardonner « en germe »

# Aimer son prochain

*Vous avez entendu qu'il a été dit : Tu aimeras ton prochain et tu haïras ton ennemi. Eh bien ! Moi je vous dis : Aimez vos ennemis, et priez pour vos persécuteurs, afin de devenir fils de votre Père qui est aux cieux, car il fait lever son soleil sur les méchants et sur les bons, et tomber la pluie sur les justes et sur les injustes* [Mt 5, 43-45].

Il y a des pardons magnifiques, pleins, immédiats. Il y a des personnes profondément blessées qui trouvent rapidement le chemin du pardon et qui, vite, parviennent au but : à l'image du Seigneur, le pardon est donné. Nous sommes touchés. Mais, il faut bien l'avouer, pour beaucoup d'entre nous, pardonner est un long chemin de conversion. Il nous faut du temps, parfois beaucoup de temps. Voilà pourquoi les grands témoins du pardon nous rejoignent en profondeur, car ils nous font espérer : un jour, j'y arriverai ; un jour, je pardonnerai totalement.

« Un jour j'y arriverai… » Oui. Pourtant, il ne faut pas se tromper : le pardon pourra mûrir et se développer que si notre être désire le bien et combat le mal.

Pour avancer dans notre méditation sur le pardon, regardons d'abord ce que veut dire pardonner pleinement, puis pardonner en germe, et enfin nous verrons la magnifique mais difficile réalité de l'amour des ennemis.

## Pardonner entièrement.

Oui, il y a des pardons entiers et immédiats. Il y a quelques années, j'ai eu l'honneur et la joie de prêcher en Belgique une retraite à des dominicaines. Elles ne sont plus qu'une dizaine actuellement, mais elles ont fondé au Rwanda deux congrégations dont l'une compte actuellement deux cent cinquante sœurs. Cette congrégation belge a donc une nombreuse et bien vivante descendance en Afrique. Des sœurs m'ont rapporté ceci. À la fin du drame épouvantable qui a secoué le Rwanda en 1994, alors qu'une certaine accalmie s'installait, des femmes rwandaises sont allées à la prison où étaient enfermés les assassins de leur famille pour leur dire : « Nous sommes chrétiennes. Nous venons vous donner notre pardon. » Paroles bouleversantes ! Le pardon est donné totalement, immédiatement. Plus tard, ces femmes ont dû faire un chemin pour réaliser la grâce reçue. Mais, pour l'instant, comment ont-elles pu aller jusqu'au sommet du pardon ? C'est le mystère de la grâce de Dieu qui envahit les êtres et les fait parvenir à la plénitude de la foi et du pardon. Ces femmes rwandaises ont connu l'enfer des massacres et maintenant elles visitent l'enfer de la prison des criminels. Ces femmes rwandaises portent en elles le pardon de Dieu, elles marchent avec la lumière de Dieu en elles. Le pardon les tient debout dans la dignité d'enfants de Dieu.

Jean-Paul II disait que l'histoire profonde et véridique d'un peuple est l'histoire de ses saints. Il me semble que ces femmes rwandaises portent en elles la dignité éternelle de leur peuple. Le Rwanda, c'est elles. C'est en elles que s'est réfugiée l'âme du peuple lorsque les ténèbres, les horreurs, la haine ont semblé recouvrir tout le pays. Elles ouvrent la réconciliation possible. Pour qu'une paix durable s'installe, pour que les uns et les autres puissent se parler, s'estimer, humblement, pauvrement peut-être, il faut faire mémoire d'elles. Ajoutons que le chemin de la réconciliation passera aussi par la reconnaissance de ces Hutus qui ont sauvé des Tutsis et de ces Tutsis qui ont sauvé des Hutus.

De tels témoins du pardon, nous pourrions en trouver, en Allemagne, au Cambodge, en tant de pays ! Oui, la liste des témoins du pardon est longue. Ils sont notre fierté. Surtout, leur présence dans la mémoire de notre cœur, dans la méditation de notre prière nous purifie. Parler d'eux nous encourage, nous élève… Surtout, parler d'eux nous montre que nous sommes capables, nous aussi, avec la grâce de Dieu, de parvenir au pardon, à cet acte de foi éblouissant : « Aimer nos ennemis ! » dit le Seigneur.

## Pardonner « en germe ».

Pourtant, parvenir au pardon total, entier, est pour la plupart d'entre nous un long chemin. Et je le répète, il faut du temps, oui, du temps, pour y parvenir. On ne tire pas sur l'herbe pour la faire pousser. Aujourd'hui, je voudrais également que nous regardions ceux et celles qui n'arrivent pas à pardonner. Ils s'arrêtent en chemin. Beaucoup, lorsque je leur parle du pardon, voudraient aller jusqu'au bout du chemin : ils sont arrêtés. Qu'en penser ? Que faire ? Y a-t-il un pardon qui serait « en germe » seulement ?

Un jour, j'ai compris. Une grande amie de ma famille venait tous les jeudis me donner des leçons d'anglais. Ses succès n'étaient pas immenses ! Mais enfin, je l'aimais beaucoup, je l'appelais Tante Guite et j'étais si heureux de la voir ! Elle fut pour moi comme la grand-mère que je n'avais pas connue. C'est elle qui m'a fait aimer la musique et particulièrement le troisième mouvement du concerto pour violon de Beethoven. Tante Guite était juive. Convertie au christianisme, elle fut baptisée par mon oncle dominicain, en 1936, je crois. Je me souviens de ce qu'elle me disait, dans ma jeunesse. Je lui avais confié que je voulais être prêtre. Elle me disait : « Tu vois, Paul-Dominique, la religion chrétienne est magnifique. Tout me réjouit. Il n'y a qu'une seule chose à laquelle je n'arrive pas à adhérer : je n'arrive pas à pardonner aux bourreaux de mes enfants. Le Seigneur pourtant le demande…

Mais je n'y arrive pas. » En effet, deux de ses enfants et leurs familles sont morts à Auschwitz. Elle me répéta ces paroles souvent. Trop jeune, je n'avais pas de réponse. Je lui disais simplement ma compréhension devant sa douleur. Maintenant que je suis prêtre, je comprends mieux et je crois que Tante Guite m'a donné là un trésor. Je vais vous le montrer.

Elle disait : « Je n'arrive pas à pardonner. » Que comprendre ?

D'abord que cette déclaration semble bien naturelle. Ses enfants sont morts en chambre à gaz : comment ne pas garder une profonde blessure… une blessure qui peut empêcher d'accéder au pardon ? Tragédie d'une mère !

Mais il y a aussi une autre raison qui explique qu'elle est arrêtée en chemin, qu'elle n'arrive pas à pardonner : elle est devant le mal absolu, la volonté d'anéantir un peuple, parce qu'il est juif. Haine sans raison. Le visage hideux de Satan se montre. Il veut tuer pour tuer. Il y a un mal que l'on ne peut supporter, car il n'a aucun sens. Seul le Seigneur Jésus, lors de son agonie, a vu et dépassé l'abîme sans fond du mal. Seul il a pu soutenir le regard du mal, car il est le Fils de Dieu. Nous, nous ne pouvons pas faire face, seuls, à tant d'ignominie. Voilà pourquoi certains ont été atteints en leur équilibre, équilibre de foi, équilibre psychologique !

Allons plus loin. Tante Guite est devant un mur : pardonner, ne serait-ce pas devenir complice de ce mal épouvantable, le dévaluer en quelque sorte ?

Comment tourner une telle page ? Ce mal, n'est-il pas impardonnable ? Ah, il faut une grâce spéciale pour entrer dans la lumière, il faut que le pardon de Dieu lui-même vienne à notre secours pour trouver un sens à ce malheur ! Tante Guite n'a pas eu cette grâce apparemment.

Elle n'a pas eu cette grâce ? Est-ce si sûr ? Voici ce qui est pour moi un trésor : elle ne dit pas : « Je ne veux pas pardonner ! » ; elle dit : « Je n'arrive pas à pardonner. » La différence est immense, là se situent la foi, la confiance pauvre et juste de cette mère privée de ses enfants. C'est un trésor. Une seule fois dans ma vie, j'ai vu quelqu'un se dresser devant moi : « Pardonner, jamais ! » Que le Seigneur ait pitié de lui ! Il s'enfermait dans sa haine, son désespoir, dans une dureté qui venait de plus loin que lui, du Mal. Mais elle, elle dit : « Je n'y arrive pas. » Elle affirme humblement sa pauvreté. C'est déjà le commencement du pardon ; ce n'est pas la fermeture sur soi, mais l'ouverture à Dieu qui, lui, peut tout. Son pardon est « en germe ». Après l'hiver, il fleurira.

Que comprendre encore ? « Je n'arrive pas. » Une parole de saint Augustin a illuminé un jour l'immense difficulté que j'ai à prier. Quand saint Paul dit que *nous ne savons pas que demander pour prier comme il faut* (Rm 8, 26), il décrit notre expérience commune. Saint Augustin dit alors : « Si tu désires, tu pries, pour prier sans cesse, désire sans cesse ! » (Lettre à Proba.) Permettez-moi de transposer : « Si tu désires, tu pardonnes, pour pardonner sans cesse, désire sans cesse ! » Donc, lorsque nous disons que nous n'arrivons à pardonner, ne confessons-nous pas notre désir d'y parvenir ? Oui, ce désir de pardonner nous travaille ; ce désir de pardonner libère progressivement un élan qui vient de Dieu et qui, parce qu'il vient de Dieu, peut parvenir au but, à la paix du pardon. Aussi déjà pouvons-nous remercier Dieu pour ce pardon en germe. La grâce de Dieu l'épanouira lorsqu'il sera temps. J'en suis témoin : combien sont repartis en paix, sûrs que Dieu saura tout épanouir ! Pour l'instant, c'est le temps humble de la faiblesse confiante en Dieu.

Qu'est devenue Tante Guite en cette histoire profonde de sa relation à Dieu, à Dieu qu'elle priait tant ? La fille de sa meilleure amie a épousé un charmant jeune homme… allemand. Un Allemand ! Elle pensa que ce n'était pas possible pour elle d'aller à un tel mariage ! Que se passa-t-il ? Elle y alla. L'amitié pour la mère de cette jeune fille fut la plus forte. Mais il y a aussi une autre raison. Je pense que la puissance du Saint-Esprit, celui dont le prêtre dit, dans la formule d'absolution du sacrement du pardon, « qu'il a été envoyé par le Père pour la rémission des péchés », l'a emportée avec respect et douceur dans cette vie qu'elle pensait impossible pour elle. Elle vint au mariage. Le geste était plus grand que sa pensée, que sa parole. Nos gestes sont souvent plus grands que nous.

Tante Guite est décédée maintenant. Lorsqu'elle est arrivée au paradis et qu'elle a été présentée au

Seigneur, je pense qu'elle a dû avouer sa pauvreté à pardonner. Mais tout de suite, le Seigneur lui a fait un merveilleux sourire : « Entre dans la maison de tes pères, entre dans le royaume de l'amour ! Ta pauvreté, ta difficulté à pardonner en entier, je te les ai laissées. Car ta faiblesse a instruit tant d'autres personnes qui, elles aussi, avaient du mal à aller jusqu'au bout du chemin. Elles qui, pourtant, me faisaient confiance, comme toi ! » Oui, que Tante Guite veuille bien veiller sur les prêtres et sur leur ministère de la miséricorde !

## « Aimez vos ennemis. »

Cette histoire, un trésor de miséricorde, une espérance donnée à ceux et celles qui sont comme arrêtés sur le chemin du pardon, nous ramène à la parole de Jésus que nous avons entendue au début : *Aimez vos ennemis*. Que dire ?

D'abord que cette parole est une des deux paroles qui ne se trouvent que dans le christianisme. L'autre parole est celle de la béatitude des persécutés : *Heureux si l'on vous persécute*... (Mt 5, 10-11.) L'amour pour autrui se trouve ailleurs que dans la littérature chrétienne. Mais l'amour pour les ennemis et le bonheur dans la persécution viennent de Jésus lui-même bien sûr, mais surtout de Jésus sur la croix. *Père, pardonne-leur : ils ne savent pas ce qu'ils font* (Lc 23, 34). Sur la croix se manifeste l'amour du Seigneur pour tous les hommes et particulièrement pour ses bourreaux ; sur la croix se manifeste aussi le bonheur du persécuté, Jésus : *Heureux les persécutés !* Jésus parle de lui-même, lui dont l'amour est plus fort que la mort, lui qui sauve le monde. Dans la littérature mondiale, toute l'originalité chrétienne est là. Mais l'originalité chrétienne, c'est aussi, bien sûr, l'incarnation du Fils de Dieu en notre humanité, la rédemption, la mort et la résurrection du Christ, et enfin l'extraordinaire réalité de notre Dieu, Père, Fils et Saint-Esprit, la Sainte Trinité, Dieu qui est amour et qui *fait lever son soleil sur les méchants et sur les bons* (Mt 5, 45). *Aimez vos ennemis* : nous touchons là à l'essentiel.

Que dire encore ? L'amour des ennemis n'est possible que par la grâce de Dieu. Le pardon est donné à l'image de Jésus sur la croix, comme je viens de le dire. Jésus sur la croix donne sa vie pour notre salut, par amour pour nous, pour nous libérer du mal, de la peur, de la honte du péché. Aimer son ennemi, c'est ainsi vouloir le libérer du mal qui est en lui. À Auschwitz, le père Maximilien Kolbe avait pris la place d'un père de famille, Franciszek Gajowniczek. Il fut condamné à mourir de faim avec d'autres dans le bunker numéro onze. On rapporte que, lorsque des soldats nazis entraient dans le bunker, le père Kolbe les regardait non avec un désir de pain, mais avec le désir de les libérer du mal. Pour nous, si nous ne sommes pas dans cette situation extrême, il se peut que, d'une manière ou d'une autre, nous soyons persécutés par un membre de notre famille, de notre communauté… Peut-être est-ce une situation ordinaire et non tragique. Pourtant, il nous faut demander à Dieu ce regard qui cherche à libérer l'autre de son mal. Le Seigneur, qui peut tout, peut nous faire connaître ce grand passage. Pourtant, il sollicite notre libre consentement à cet amour.

Ajoutons encore ceci. Il y a un grand danger dans ce chemin du pardon aux ennemis. Nous voudrions quand même savoir : savoir pourquoi, comment, savoir ce qu'il y a dans ce cœur qui nous présente la face sombre de lui-même. Certes, des lumières peuvent nous être données pour que nous puissions un peu comprendre : il est malade, ses parents ne l'ont pas aimé, il a été blessé dans sa jeunesse. Pourtant, pour pardonner à cet ennemi, à celui qui nous a fait tant de mal, il nous faut, un jour, renoncer à comprendre, renoncer à juger. Seul Dieu connaît le fond du cœur. Nous, jamais. Vouloir comprendre tout de l'autre, vouloir connaître la source de son mal qui pourtant nous atteint si fortement, c'est s'ériger en juge. Or Dieu seul juge. Renoncer à juger – Jésus dit : *Ne jugez pas* – c'est baisser les armes, c'est accepter de laisser entrer en nous le pardon de Dieu qui seul connaît et le chemin de la justice et le chemin de l'amour. Au paradis terrestre, Adam et Ève voulaient tout connaître ! Ce fut leur malheur. Maintenant nous recevons la connaissance des êtres et des choses de Dieu seul : il nous montre tout à travers la lumière de la croix : *Ils ne savent pas ce qu'ils font…* Nous découvrons l'essentiel : le désir de Dieu de sauver les hommes. Ce désir, il le met en nous. Ce désir, qui va grandir, suffit.

Pour conclure : le pardon est gratuit. Il est sans condition. Il se donne. Il est toujours offert. Nous y reviendrons encore, tant cela est fondamental. Comment dire encore l'immensité du pardon de Dieu auquel nous sommes invités ? Saint Paul nous donne les mots : *Où le péché s'est multiplié, la grâce a surabondé !* (Rm 5, 20.) La faute et la miséricorde sont sans commune mesure ! Dieu donne, Dieu donne, il est amour. Le pardon nous est possible, parce que nous sommes créés à l'image et à la ressemblance de Dieu. S'il est encore en germe, il s'épanouira.

Dieu plein de miséricorde,
regarde tes enfants qui peinent sur le chemin du pardon.

Que par l'intercession de Notre-Dame, nous parvenions
à la liberté de l'amour sans condition.
Par Jésus-Christ, notre Seigneur.

# 4

# Pardonner en silence

# Elle a montré beaucoup d'amour

*Un pharisien l'invita à manger avec lui ; il entra dans la maison du pharisien et se mit à table. Et voici une femme, qui dans la ville était une pécheresse. Ayant apprit qu'il était à table dans la maison du pharisien, elle avait apporté un vase de parfum. Et se plaçant par-derrière, à ses pieds, tout en pleurs, elle se mit à lui arroser les pieds de ses larmes ; et elle les essuyait avec ses cheveux, les couvrait de baisers, les oignait de parfum.*

*À cette vue, le pharisien qui l'avait convié se dit en lui-même : « Si cet homme était prophète, il saurait qui est cette femme qui le touche, et ce qu'elle est : une pécheresse ! » Mais, prenant la parole, Jésus lui dit : « Simon, j'ai quelque chose à te dire. » – « Parle, maître », répond-il. – « Un créancier avait deux débiteurs ; l'un devait cinq cents deniers, l'autre cinquante. Comme ils n'avaient pas de quoi rembourser, il fit grâce à tous deux. Lequel des deux l'en aimera le plus ? » Simon répondit : « Celui-là, je pense, auquel il a fait grâce de plus. » Il lui dit : « Tu as bien jugé. »*

*Et, se tournant vers la femme : « Tu vois cette femme ? dit-il à Simon. Je suis entré dans ta maison, et tu ne m'as pas versé d'eau sur les pieds ; elle, au contraire, m'a arrosé les pieds de ses larmes et les a essuyés avec*

> *ses cheveux. Tu ne m'as pas donné de baiser ; elle, au contraire, depuis que je suis entré, n'a cessé de me couvrir les pieds de baisers. Tu n'as pas répandu d'huile sur ma tête ; elle, au contraire, a répandu du parfum sur mes pieds. À cause de cela, je te le dis, ses péchés, ses nombreux péchés, lui sont remis parce qu'elle a montré beaucoup d'amour. Mais celui à qui on remet peu montre peu d'amour »* [Lc 7, 36-47].

La rencontre de Jésus avec cette femme est bouleversante. Monte en notre cœur une immense reconnaissance pour la miséricorde de notre Dieu. Quoi qu'il arrive, nous pouvons aller vers le Seigneur, tels que nous sommes, sans honte ! Adam et Ève se cachèrent après leur faute ; cette femme, pécheresse publique, repentie publique, est libérée de la honte !

Avez-vous remarqué ? Elle ne dit rien. Certes, tous ses gestes montrent son repentir et son péché, tout le monde la connaît. Le silence domine pourtant, il ne sera interrompu qu'à la fin par Jésus. Nous verrons pourquoi : il y a un trésor à découvrir. Avant de vous le montrer, je voudrais vous dire d'abord qu'il est bon de se parler pour se pardonner ; mais qu'il est souvent nécessaire de se taire, de faire silence. Nous évoquerons ensuite le pardon que nous pouvons donner, dans le silence de Dieu, à ceux qui sont morts. Enfin, je reviendrai à cette femme qui vient manifester et son repentir et son amour : le pardon demande le silence de la discrétion.

**Parler ou se taire.**

Le pardon : parler ou se taire ? Il est ordinairement nécessaire de se parler pour se pardonner. Ce n'est pas une solution que de taire des réalités, de ne jamais rien dire à son conjoint qui, sans cesse, refait les mêmes bêtises qui nous agacent prodigieusement. La liste peut être longue de ces choses qui nous blessent. Se taire finit par être dangereux : un jour, tout explose ! L'accumulation de petites blessures, de petites rancunes, de légères incompréhensions peut devenir un violent poison. Nous disons : « J'avale tout ! » Un jour, c'est le désastre. Oui, il faut se parler, se parler souvent, en profondeur. Oui, se parler en se mettant devant l'essentiel, devant Dieu. Vous connaissez le fameux « devoir de s'asseoir » donné aux couples des Équipes Notre-Dame par leur fondateur, le père Henri Caffarel : chaque mois, devant Dieu qui est source de l'amour, le couple est invité à s'asseoir, à se parler en vérité sur ces choses qui touchent à la vie. Le père Caffarel parle aussi du « silence, meurtrier de l'amour [1] ». La parole, elle, permet des miracles. Voici que le cœur de l'autre est touché : il se sent enfin compris. La querelle a pu, un temps, ravager notre cœur ; la parole de réconciliation devient occasion d'un plus grand amour. Une amitié blessée, un amour déstabilisé, redeviennent plus forts. Le Seigneur,

1. Henri CAFFAREL, *Aux carrefours de l'amour*, Paris, Parole et Silence, 2001, p. 55.

discrètement, a répandu sa grâce et, lui qui est la source de l'amour, permet ces résurrections.

Parler, oui. Pourtant, il est préférable, parfois, de se taire. Un humoriste anglais disait : « Oh ! Nous étions en querelle. Alors, on a voulu se réconcilier. On s'est expliqué. Après les explications, on n'était plus du tout en querelle, on était en guerre ! » Le pardon voulait être donné et c'est la haine qui est venue. Donc, méfions-nous des explications qui dégénèrent en conflits : des paroles nous échappent et font mal, des paroles qui dépassent notre pensée et compliquent la relation à l'autre… Il y a aussi des paroles qui tuent. S'il est bon de se parler, il est parfois préférable de garder le silence, ce silence qui protège notre pauvreté.

Se taire ? Parfois, nous ne pouvons faire autrement. Quelqu'un nous a entraînés dans le mal et nous sommes devenus complices de ce mal. Or, un jour, enfin, nous voyons notre péché et nous recevons le pardon de Dieu. Convient-il ensuite d'aller dire à l'autre que nous lui pardonnons et que nous lui demandons pardon pour tout ce mal commis ensemble ? Je n'exclus pas de répondre positivement. Mais, habituellement, il me semble dangereux de retrouver le complice : notre nature est faible, nos sentiments légers, nos résolutions encore si fragiles… Parler de tout cela à l'autre risque de réveiller ces méchants démons qui, en nous, se sont endormis et nous risquons de reprendre ce mauvais chemin que pourtant nous voulions abandonner.

Humilité de nos conversions. Le pardon en silence s'impose souvent.

Se taire. Encore ceci. L'autre, parfois, ne s'est rendu compte de rien, il n'a pas vu le mal qu'il a fait… Je demande alors, faut-il obliger l'autre, en lui parlant, à se rendre compte du problème, à demander pardon ? Faut-il qu'il entre obligatoirement dans mes vues ? Peut-être. Pourtant, qui est au centre de cette démarche ? Lui ? Certes pas. C'est moi. C'est moi qui veux tout ramener à ma propre vision des choses. Ce n'est pas là chemin de pardon. Nous voulons tout faire tourner autour de nous-mêmes. Convertissons-nous, sortons de nous-mêmes. Regardons ce qui est bien pour l'autre d'abord. En attendant, gardons le silence.

Se taire. Je pourrais donner bien d'autres raisons à ce silence. Mais une question s'impose à laquelle je dois répondre. Se taire, oui, faire silence, nous comprenons. Mais n'y a-t-il pas autre chose à ajouter qui puisse donner vie et sens à ce silence ? Dire simplement qu'il convient de se taire, c'est poser un acte de prudence. Est-ce tout ? Écoutons : le silence peut être encore un acte de foi. Faire silence, c'est tout donner à Dieu. Je m'explique.

## Pardonner en silence.

Pardonner en silence. De quoi s'agit-il ? De donner ce pardon à Dieu. Ce pardon que je ne puis dire à l'autre, ce pardon qui touche encore ma sensibilité, ma fragilité, ce pardon en germe, ou encore ce pardon total que j'ai dans mon cœur… le donner à Dieu, le déposer dans ses mains. Dieu, lui, se chargera de le transmettre à celui qui nous a offensés. Pardonner en silence, ce n'est pas se débarrasser de l'autre ou du problème : « Je tourne la page, il n'y a plus rien à faire » ; c'est remettre l'autre, et tout cela qui est difficile encore entre nous, dans les mains de Dieu. C'est là un grand acte de foi, cette foi dont je vous ai dit qu'elle est source du pardon. Dieu sait ce qu'il convient de faire pour l'autre et il le fera. Oui, Dieu saura éclairer ce conjoint qui a été si dur, ce responsable qui ne nous a pas respectés, il saura rejoindre leurs cœurs. Dieu nous connaît, l'un et l'autre, par nos profondeurs et il nous regarde comme liés ensemble par la puissance de son pardon. Dans l'invisible, Dieu rend fécond le pardon que nous remettons en ses mains.

Ajoutons encore ceci : je viens de dire de remettre notre pardon à Dieu pour qu'il puisse rejoindre le cœur de l'autre. Ce n'est pas suffisant. Il faut donner notre pardon à Dieu et… ne pas le reprendre. Quand vous offrez un bouquet de fleurs à quelqu'un, vous ne retournez pas chez vous avec le bouquet ! De même, ce qui est mis dans les mains de Dieu est donné : il ne faut pas le reprendre. Il n'y a donc plus lieu de nous torturer la tête, le cœur et de recommencer sans cesse à déposer dans les mains de Dieu ce pardon que nous ne pouvons donner directement. Dieu se charge de tout. Laissons-le agir. Il n'y a plus lieu de s'inquiéter. Ou, pour être plus clair encore : ne pensons pas à l'autre et même ne prions pas pour l'autre ! Ne prions plus pour l'autre pendant un moment, pendant un jour, un mois, dix ans, peut-être ne prions plus jamais pour lui... Que comprendre de cette formule abrupte ? Pendant le temps qui suit la remise du pardon à Dieu, faire ceci : dès que la mémoire de cette affaire me revient, – et cela peut revenir souvent –, tout de suite, dire à Dieu : « Seigneur, c'est vous qui vous chargez de tout ça, moi je vous ai tout remis ; donc je ne m'en occupe plus. » N'est-ce pas là la plus belle des prières ? Elle vient de la foi en Dieu, maître du pardon. Il y a en effet des prières qui ne sont pas animées par la foi : on cause au Seigneur et on lui cause... L'air de dire à Dieu : « J'espère que vous vous occupez bien de mon affaire, je vous surveille ! »

Voilà pourquoi le pardon en silence est un acte de foi. Dieu seul est maître de la situation, pas moi. Le silence doit venir couvrir ce qui nous a été si difficile : dans ce silence, Dieu agit. Moi, je dois m'occuper devant Dieu d'autre chose... de lui, pourquoi pas ! Ce qui est magnifique alors et libérant, c'est que la paix vient en nous : tout est confié. La page n'est pas tournée, comme nous faisons d'une chose dont on voudrait se débarrasser ; non : tout est confié à Dieu, le maître du pardon. Oui, la paix vient. Plus merveilleux encore : il se fait comme un mur de lumière entre nous et celui qui nous a offensés : Dieu, qui a tout assumé de nous, s'interpose. Alors nous regardons l'autre autrement, sans mettre la main sur lui, à la lumière de Dieu.

Pendant ce temps de remise de notre pardon au Seigneur, Dieu travaille et notre cœur et le cœur de l'autre.

## Pardonner à ceux qui sont morts.

C'est encore parler du pardon en silence que de parler du pardon que nous pouvons donner à ceux qui nous ont offensés et qui sont morts.

Permettez-moi un souvenir. J'ai aidé une femme qui était bouleversée par la mort de son mari. Celui-ci n'était pas mauvais homme, mais sa vie spirituelle avait été assez ordinaire : il pratiquait sans grand élan. J'ai présidé la messe de ses funérailles. Sa femme est venue me voir et de rencontre en rencontre, elle a fait un chemin spirituel superbe. Un jour, elle me dit : « Mon père, moi, j'ai fait tout ce chemin ; mais mon mari ne l'a pas fait. Vous pensez qu'il est au ciel ? » Je lui ai répondu : « Ce n'est pas sûr… » Elle m'a regardé, effrayée. Mais comme elle connaissait mon humour, elle me dit : « Que voulez-vous dire ? » J'ai répondu :

> Oh, quand votre mari s'est trouvé à la porte du paradis, il a vite jeté un coup d'œil par la porte et il a vu qu'il n'avait pas la robe qu'il fallait pour entrer. Désolé, il a dit à Dieu : « Seigneur, je n'ai pas ce qu'il faut. » Alors Dieu lui a répondu : « Oui, tu n'as pas la tenue. Mais qu'y a-t-il dans le sac que tu transportes ? Qu'est-ce que tu fais avec ça ? » Votre mari ouvre le

sac et que trouve-t-il ? La robe pour entrer en paradis ! Alors Dieu lui dit : « Tu vois, ta femme, qui est toujours sur terre, a fait un chemin merveilleux, sa foi s'est réveillée. Alors, elle a gagné deux robes : une pour elle… et une pour toi. Entre dans le Royaume de l'amour ! »

Nous ne le redirons jamais assez : nous sommes liés les uns aux autres par l'amour de Dieu. Ce que nous vivons sur la terre est aussi source de grâce pour ceux qui sont morts. Dieu séparerait-il ceux qu'il a unis par les liens du mariage, de l'amitié, de la vie religieuse ou du travail ? Nous sommes ses enfants et il aime cette fraternité entre nous. La mort ne fait pas disparaître l'amour. La mort n'empêche pas le pardon de se donner. Lorsque le veuvage vient, le conjoint pleure sur l'absence, nous le savons ; ce que l'on sait moins c'est que pour certains il y a aussi à pardonner à celui qui est parti, ce conjoint qui n'a pas été toujours parfait et parfois qui a été source de grandes difficultés.

Le pardon en silence, le pardon à l'égard de ceux qui sont morts. Combien de fois ai-je entendu ceci : « Je suis allé sur sa tombe pour lui donner mon pardon » ! Poussés par le Saint-Esprit, nous effectuons une démarche de libération, parfois après de longues années. Libération pour celui qui pardonne et pour celui qui reçoit le pardon : Dieu fait entrer au ciel celui qui a si gravement péché, car il est purifié par le pardon offert. Dieu nous sauve les uns par les autres, il aime passer par nos pardons pour donner le sien.

Sur quoi repose ce que je viens de vous dire ? La généalogie de Jésus selon saint Matthieu est descendante, elle part d'Abraham pour aboutir à Jésus ; elle montre que Jésus ne « tombe » pas du ciel comme une météorite… Il a été attendu par un peuple, signe de l'attente de toutes les nations. La généalogie de saint Luc est ascendante : elle part de Jésus pour remonter jusqu'à Abraham et au-delà, jusqu'à *Adam, fils de Dieu* (Lc 3, 38). Ces généalogies fondent ce que je vous dis. En effet, le but de ces généalogies, particulièrement celle de Luc, n'est pas de faire scientifique, de faire historique… Le but est de dire que Jésus, le sauveur, se fait homme. Homme, sa sainteté va circuler dans tous les coins et recoins de notre humanité. Fils de Dieu, il fait descendre ou remonter l'amour à travers tous ses ancêtres. Par son incarnation, Jésus purifie ceux qui l'ont précédé. Si Dieu aime passer par nous pour nous sauver les uns les autres, s'il veut faire passer sa grâce au-delà de la mort, c'est parce que Jésus, l'un de nous, a sauvé les vivants et les morts. Extraordinaire portée de notre vie : notre vie, dans celle du Christ, rejoint tous les hommes du premier Adam jusqu'au dernier. Par les pardons que nous mettons dans les mains de Dieu, Dieu rejoint l'humanité tout entière pour la sauver. *Père, pardonne-leur !* (Lc 23, 34), dit Jésus sur la croix. Nous pouvons rejoindre toute l'humanité en mettant nos mots dans les siens. Quelle responsabilité ! Quelle délivrance aussi ! Notre vie, mise dans la vie du Christ, purifie celle de ceux qui nous ont précédés, purifie la vie de nos ancêtres, purifie la vie de ceux qui nous ont fait du mal. L'amour de Dieu, incarné dans notre pardon, a pour fruit un pardon sans limite.

## La discrétion.

Pardonner en silence : il vaut mieux parfois se taire que de parler ; le pardon rejoint ceux qui nous ont précédés ; enfin, le pardon appelle la discrétion.

Revenons à l'évangile que je vous ai lu. Il nous livre un trésor. Le pardon appelle la discrétion. Cette femme est une pécheresse publique, tout le monde la connaît, ne voit que son péché et l'y enferme. Simon dit bien : *Si cet homme était prophète, il saurait qui est cette femme qui le touche, et ce qu'elle est : une pécheresse !* Jésus la regarde et la connaît autrement : cette femme est une pécheresse, certes, mais repentie ! Elle vient verser du parfum sur les pieds de Jésus pour montrer son repentir et recevoir le pardon de Dieu. Jésus voit l'œuvre de son Père en elle : elle est déjà une créature nouvelle. Il lui dit : *Tes péchés sont remis* et : *Ta foi t'a sauvée ; va en paix.* Jésus ne parle plus à une pécheresse, il s'adresse à la femme totalement purifiée, neuve, aimant enfin véritablement. Jésus est prophète, il voit comme Dieu, son Père, voit. Le pharisien, lui, est aveugle.

Le père Lataste, « apôtre des prisons », dont je vous ai déjà parlé, reçoit de Dieu cette intuition :

des femmes marquées par un lourd passé peuvent vivre avec des femmes au passé ordinaire. Ces femmes vivent ensemble l'amour fraternel et la contemplation de Dieu, car les unes et les autres sont marquées par le même salut de Dieu[1]. Voici comment il s'exprime. Il dit à mère Henri-Dominique, fondatrice avec lui des Dominicaines de Béthanie : « Regardez Jésus sur la croix. Au pied de la croix, regardez Marie, la Vierge sans péché, et Marie, la pécheresse, unies dans un même amour et une même douleur. Tout Béthanie est là. » La Vierge sans péché, la pécheresse… unies dans l'amour ! Extraordinaire ! Est-ce possible ? Oui, c'est Dieu qui fait cela. Le père Lataste explique encore : « C'est la même main qui préserve, c'est la même main qui relève. » Voilà la grande miséricorde de notre Dieu : le pécheur n'a plus honte, car il a été relevé. Il peut être sans honte en compagnie des saints. C'est la miséricorde que nous recevons tous. Cependant, une condition : aucune sœur ne connaît le passé de l'autre. Discrétion totale et absolue. Elles ne savent qu'une seule chose, essentielle et suffisante : elles sont toutes les enfants du Père des miséricordes.

---

1. Jean-Joseph LATASTE, *Prêcheur de la miséricorde. De la prédication aux détenues à la fondation des Dominicaines de Béthanie*, J.-M. Gueullette, o.p. (éd.), Paris, Éd. du Cerf, coll. « Épiphanie », 1992 ; J.-M. GUEULLETTE, o.p., *Ces femmes qui étaient mes sœurs. Vie du père Lataste, apôtre des prisons (1832-1869)*, Paris, Éd. du Cerf, coll. « Épiphanie », 2008.

Pardonner en silence. Il y a le silence de la discrétion. Le pécheur n'est pas montré du doigt. Il est neuf maintenant. On ne regarde plus le passé. Je me souviens de cette religieuse au caractère difficile et qui faisait souffrir les sœurs de sa communauté. Elle se convertit. Dans son école, ses collègues de travail lui dirent gentiment : « Oh, tu es toute transformée ! Tu as fait une retraite ? » Réponse : « Non ! » Ce n'était pas mensonge, c'était manière de garder le secret. Il est vrai qu'il faut du courage pour montrer que l'on s'est converti et que maintenant ce n'est plus comme avant ! Les sœurs de sa communauté, elles aussi, ont remarqué le changement. Elles ne firent aucune réflexion qui l'aurait renvoyée à son passé. Elles l'ont regardée neuve. Elles n'ont voulu voir que sa résurrection. Discrétion ! Nous regarder les uns les autres dans la lumière de Dieu qui fait miséricorde aux uns comme aux autres !

Concluons. *Parce qu'elle a montré beaucoup d'amour, elle est pardonnée*, dit le Seigneur. Parce que nous montrons, nous aussi, beaucoup d'amour à ceux qui nous ont offensés, en ne leur rappelant pas leur faute, nous sommes, nous aussi, guéris.

Dieu notre Père,
daigne nous donner la grâce de la réconciliation
et par l'intercession de la Vierge Marie, conçue sans péché,
fais-nous tous entrer dans la vie nouvelle
par Jésus, le Christ, Notre Seigneur.

# 5

# Pardonner, ce n’est pas oublier

# Va en paix !

*Jésus dit à la femme : « Tes péchés sont remis. » Et ceux qui étaient à table avec lui se mirent à dire en eux-mêmes : « Qui est-il celui-là qui va jusqu'à remettre les péchés ? » Mais il dit à la femme : « Ta foi t'a sauvée ; va en paix »* [Lc 7, 48-50].

Qu'est devenue cette femme qui a reçu le pardon de Dieu ? Jésus a conclu la rencontre par ces mots : *Ta foi t'a sauvée ; va en paix.* S'ouvre pour elle une vie totalement nouvelle.

Alors qu'a-t-elle fait ? Qu'est-elle devenue ? Une autre femme peut nous éclairer. La Samaritaine a été illuminée, elle aussi, par Jésus (Jn 4, 1-42). Elle était venue avec sa cruche pour puiser de l'eau, et elle est repartie avec l'eau de la vie en son cœur. Davantage : elle va chercher les gens de son village pour qu'ils viennent voir Jésus. Que dit-elle pour les convaincre ? *Venez voir un homme qui m'a dit tout ce que j'ai fait. Ne serait-il pas le Christ ?* Son passé (elle avait eu cinq maris et elle vivait avec quelqu'un d'autre encore) devient comme un étendard ! Son passé devient un instrument pour amener les autres au Seigneur ! Merveille de la grâce qui fait que les pécheurs utilisent leur péché pour montrer la sainteté et la miséricorde de Dieu. La Samaritaine proclame la vie nouvelle en elle.

Qu'est devenue cette femme qui essuya les pieds de Jésus sur lesquels elle avait versé du parfum ? Impossible de ne pas penser que sa libération, c'est la fierté et la gloire de sa vie, son étendard ! *Ta foi t'a sauvée !* lui a dit Jésus. Elle est en paix. Autrefois, pécheresse publique, elle était connue pour ses amours coupables. Maintenant, elle montre l'amour de Dieu pour tous ! Maintenant, elle proclame, par sa simple présence, le pardon de Dieu. Comment oublierait-elle cet immense bonheur reçu de Dieu ? Elle est pardonnée ! Son amour alors peut se déployer. Qu'est-elle devenue ? Elle aime. Le souvenir de ses fautes, bien sûr, le souvenir du pardon, surtout, ces souvenirs du passage lumineux du Seigneur sont devenus l'âme de sa vie nouvelle. Toujours elle revient, en son cœur, à cette résurrection des morts en elle ! Se souvenir du pardon décuple son amour, voilà le bonheur de sa vie. Oublier serait sa mort.

Pardonner, ce n'est pas oublier. De quoi faut-il se souvenir ? De la faute, certes ! Mais du pardon surtout ! C'est ce que je voudrais vous montrer, en trois temps. Sur le chemin du pardon, la mémoire peut être utilisée négativement. Ensuite, nous verrons comment gérer positivement notre mémoire au service du pardon. Enfin, il n'y a pas de pardon sans réparation.

## La mémoire en danger.

Se souvenir. Quelle est la place de la mémoire ? Disons d'abord que se souvenir est normal... Oublier aussi ! En effet, nous ne nous souvenons pas de tout ! Quelle est la dernière personne qui m'a dit : « Paul-Dominique, tu es un imbécile ! » J'ai oublié ! Nous oublions bien des querelles, bien des paroles blessantes sur le moment... Nous tournons la page rapidement, nous pardonnons, nous ne voulons pas faire une histoire de ces petites égratignures et nous faisons bien. Mais il y a d'autres choses qui peuvent nous blesser profondément. Même une égratignure, sans importance apparente, peut être la goutte d'eau qui fait déborder le vase ! Une simple parole de travers peut nous déstabiliser, car elle touche en nous quelque chose d'important. *A fortiori*, une méchanceté, une haine, un irrespect profond peuvent devenir le drame de notre vie. Nous ne l'oublierons jamais. Nous avons ainsi deux ou trois épisodes très douloureux qui marquent notre vie pour toujours. Le pardon, dans tous ces cas, est long à venir. Je l'ai expliqué déjà : il faut du temps pour pardonner. Puis, nous l'avons vu, vient enfin le temps où nous mettons notre pardon dans le pardon de Dieu. Quelle libération ! Ce pardon, donné explicitement à l'autre, ou bien ce pardon mis, en silence, dans les mains de Dieu pour qu'il le donne à l'autre, vient alors. Il est donné. C'est là qu'intervient notre question : quelle est la place de la mémoire ?

Je me souviens d'un médecin, très disponible pour les autres. Un jour, pourquoi, il ne le sait pas, le souvenir d'une querelle qu'il avait eue avec quelqu'un surgit en lui avec force. Rien de dramatique, mais c'était tout de même quelque chose qui l'avait occupé un temps. Il avait pardonné. Pourtant, ce souvenir l'a perturbé, il devint mal à l'aise, nerveux, tout revenait. Voici que le téléphone sonne. Il prend. « Docteur, puis-je vous rencontrer ? Êtes-vous disponible ? » Il s'entend répondre : « Bien sûr, je suis disponible… » Commentaire de ce médecin chrétien : « Disponible ? Je ne l'étais pas du tout ! J'étais empêtré dans mes souvenirs, dans ces humeurs nauséabondes qui m'infestaient. J'ai appelé le Seigneur au secours ! Enfin, j'ai retrouvé mon calme ! Quelle lutte ! J'ai pu recevoir la personne. Ce fut, au final, une bonne rencontre. J'en suis sorti épuisé. »

Que s'est-il passé ? L'affaire est claire. Le tentateur est venu et a cherché à faire tomber cet homme. Le démon s'est accroché à un de ses souvenirs, a cherché à lui faire revivre la violence de ses sentiments d'autrefois, à le ramener au jour de la colère. Pourquoi ? Pour l'empêcher de faire du bien aux autres, pour le rendre indisponible à toute personne qui pourrait faire appel à lui. Il a semblé gagner, car ce pauvre médecin n'était pas vraiment au meilleur de sa forme. Mais le tentateur a vite perdu : cet homme a crié vers Dieu et il a pu faire du bien.

Nous pourrions lire autrement cette histoire. Le tentateur s'accroche à un mauvais souvenir de ce médecin qui pourrait s'enfermer dans les sentiments mauvais d'autrefois… Alors, Dieu, plein de tendresse, vite, inspire quelqu'un pour qu'il lui téléphone et le fasse sortir de ses ténèbres. Dieu est plus intelligent que le tentateur, lequel perd toujours ! Il est vrai que ce qui a permis au Seigneur de tirer cet homme de ce bourbier est son réflexe de médecin : « Je suis disponible », dit-il ! Être disponible aux autres, c'est le fondement de toute vie pour les autres. Dieu l'a sauvé en utilisant sa fidélité.

La mémoire peut être utilisée à de mauvaises fins. Il faut veiller. Le médecin m'a commenté : « J'ai retenu la leçon. Lorsque je sens remonter en moi des humeurs qui viennent de mon passé lointain, je me dis immédiatement : « Calme-toi ! Le téléphone va sonner ! » Et, en effet, il sonne… Il arrive aussi qu'il ne sonne pas : le Seigneur pense que je peux arriver à me calmer tout seul. Donc, il ne fait rien. »

Pour aller plus loin dans ces souvenirs qui peuvent être dangereux, ajoutons ceci. C'est le plus important et le plus commun à nous tous. Nous ne pouvons pas oublier certaines choses, car elles sont trop graves, elles sont part de notre vie, de notre itinéraire. Quelques précisions, car de fausses questions peuvent encore venir. On dira que nous ne pouvons oublier, parce que les cicatrices ne sont pas fermées, qu'elles peuvent encore s'ouvrir. On s'interrogera encore : le pardon n'a-t-il pas été donné ? Le pardon a-t-il été mal fait ? Viennent ces questions, utilisées encore par le tentateur pour nous faire douter du pardon donné ou du pardon reçu. Oui, le tentateur voudrait nous faire croire que, parce que nous n'avons pas oublié, nous n'avons pas pardonné ! Non. Comment oublier ce qui est part de nous-mêmes ? Mais, je vais le dire tout de suite, ce qui est part de nous-mêmes, c'est le pardon donné, c'est le pardon reçu ! En dehors de cette affirmation, il n'y a que trouble et désastre. Oui, Dieu est là, Dieu est présent dans notre pardon, Dieu est toujours là en nous qui avons pardonné, qui avons reçu le pardon… Dieu ne fera pas disparaître le souvenir de nos blessures comme par enchantement ! L'oubli du passé peut être la négation de soi-même : cette affaire qui a été si grave fait partie de notre histoire, de notre personnalité, de notre être d'éternité. Mais ce qui en fait la lumière et la beauté, c'est le pardon.

## Gérer sa mémoire.

Notre mémoire peut être mal utilisée. Demandons-nous maintenant comment la gérer. Je dis bien « gérer », car nous devons faire appel à notre liberté. En effet, il ne faut pas être esclave de tout ce qui remonte à la tête, au cœur. Nous avons à gouverner, gérer notre vie et donc notre mémoire. Permettez-moi de vous proposer un chemin simple et concret. Il y a quatre étapes à passer.

*Première étape : se souvenir, c'est normal.*

Un air de printemps, un parfum de fleurs et me voici transporté en Provence ; des souvenirs remontent, c'est normal. Un mot, une idée, un chant et nous voilà devant tel ou tel problème que nous avons eu et qui nous rappelle la querelle d'autrefois... C'est normal. L'histoire du médecin est significative. Cette première étape est celle de l'acceptation de la réalité : nous avons la capacité de nous souvenir de bien des choses, y compris des grandes difficultés de nos vies.

*Deuxième étape : se souvenir du pardon.*

La deuxième étape est la plus fondamentale. Dès que le souvenir de la querelle revient, aussitôt souvenons-nous du pardon qui a été donné, qui a été reçu ! Ceci est capital. Bien souvent, nous laissons monter nos méchants souvenirs et nos sentiments douloureux, nous revivons le passé, ce passé où nous avons été abîmés par l'autre ; ou encore nous laissons monter le souvenir de nos propres péchés, de nos lâchetés, de nos mépris pour les autres... Ces souvenirs prennent de plus en plus de place en nous... Que faisons-nous ? Nous oublions la moitié de l'affaire, sinon les trois quarts, nous oublions que nous avons pardonné ou bien que nous avons reçu le pardon de Dieu ! Combien de fois nous entendons : « Je n'ai pas oublié, je n'ai donc pas pardonné ! » C'est faux. Voilà où est la racine de beaucoup de nos troubles. Nous oublions le pardon. Une parole extraordinaire nous est donnée par un grand chrétien danois, Sören Kierkegaard : « Pour oublier le passé, souviens-toi du pardon. » Parole d'or ! Oui, aussitôt que le passé revient à notre mémoire, souvenons-nous du pardon ! La mémoire nous ramène telle ou telle affaire, nous n'y pouvons rien. En revanche, nous souvenir immédiatement du pardon, cela est remis à notre liberté. Encore une fois : dès que le passé revient, aussitôt, crions dans notre cœur : « Non ! C'est passé, le Seigneur m'a fait miséricorde. J'ai pardonné grâce à toi, Seigneur, j'ai reçu le pardon grâce à toi, Seigneur. » Cri de foi, cri de confiance en Dieu.

*Troisième étape : rendre grâce.*

C'est le moins que nous puissions faire. Se réjouir que tout cela soit fini. C'est du passé. Le présent, c'est le pardon, c'est la résurrection. Au début, il fallait lutter contre la tristesse de ce passé, tristesse que le tentateur pouvait enfler pour nous troubler ; maintenant, nous nous réjouissons d'être libres, d'avoir été libérés par Dieu, d'avoir libéré l'autre par notre pardon, d'avoir été libérés par le pardon de l'autre. Ne pas remercier, sauter cette étape est un manque d'éducation spirituelle. Le pardon doit être toujours source de reconnaissance.

*Quatrième et dernière étape : prendre sa revanche…*

Comprenez-moi ! J'aime cette expression qui demande, il est vrai, explication. Quand on a perdu un match, on prend sa revanche… Ce sont des termes sportifs qui ne manquent pas du tout d'élégance ! Nous n'avons pas su nous comprendre, nous estimer, nous aimer… Maintenant que nous nous souvenons du pardon, nous allons enfin tout faire pour y arriver. L'amour a manqué ? Maintenant, il sera là. Nous agissons toujours ainsi. Mettre de l'amour là où il a manqué. Cela demande du travail, je l'avoue… Mais c'est l'avenir qui s'ouvre avec plus de lumière qu'auparavant.

Voilà un chemin pour gérer notre mémoire, pour la gouverner. J'ai mis quelque temps à l'expliquer. En fait, cela doit durer dix secondes, pas plus surtout ! 1. Se souvenir ? C'est normal. 2. Objecter : « Le pardon est donné, reçu. Dieu est là. » 3. Rendre grâce. 4. Prendre sa revanche : enfin je vais aimer… Cette dernière étape, aimer enfin, peut être envisagée aussi en une seconde ; je dis « envisagée », car sa réalisation est un peu plus longue… Aimer, cela demande toute une vie !

Sur ce chemin, permettez-moi de vous faire deux remarques. D'abord, se souvenir de ce passé douloureux, se souvenir des fautes contre nous ou des fautes que nous avons commises contre autrui, nous n'aimons guère cela. Nous le comprenons. Pourquoi ne pas regarder les choses autrement ? N'y a-t-il pas là une source de guérison ? Les souvenirs viennent, reviennent, et voilà que je dois refaire les quatre étapes que j'ai décrites. Lorsque ce passé est proche, lorsque le pardon vient de naître, il ne s'évapore pas en coup de vent. Le fait de se souvenir continuellement du pardon, le fait de répéter, répéter, dix fois, cent fois : « Le pardon est donné, le pardon est reçu, Seigneur ! », cette continuelle répétition permet à ce pardon de s'incarner de plus en plus profondément en nous. Et voilà le but : le pardon apaise, guérit, redresse, rend de plus en plus serein, joyeux. Si ce travail du souvenir ne se faisait pas, le pardon ne prendrait pas toute sa force. Nous risquons de devenir la proie du tentateur.

Deuxième remarque. « Pour oublier le passé, souviens-toi du pardon. » Oui, mais le souvenir du péché peut être aussi bien vécu. C'est ce que va nous dire le père Lataste, dominicain, « apôtre des prisons » :

> Le souvenir de vos péchés, de vos ingratitudes passées, le désir de les faire oublier, et de prendre, pour ainsi dire, votre revanche sur le démon et sur vous-mêmes, ce je-ne-sais-quoi, enfin, qui fait qu'une amitié renouée est plus étroite et plus forte souvent que celles que rien n'a jamais brisées, toutes ces choses sont autant d'aiguillons qui vous stimulent à aimer et que n'ont pas les âmes saintes, de là vient que plus d'une fois elles se sont laissé devancer sur les voies du Ciel par des âmes autrefois pécheresses [1].

1. Jean-Joseph LATASTE, *Prêcheur de la miséricorde. De la prédication aux détenues à la fondation des Dominicaines de Béthanie*, J.-M. Gueullette (éd.), Paris, Éd. du Cerf, 1992, p. 131.

Magnifique ! Le Seigneur permet que des souvenirs difficiles reviennent pour qu'ils soient des « aiguillons », des provocations, des élans, pour nous faire avancer davantage vers la sainteté. Lorsque le souvenir du péché nous revient, nous sommes tentés de nous replier sur nous-mêmes. La honte peut revenir. Nous oublions le pardon. Il nous faut voir tout autrement. Le souvenir revient comme un aiguillon, comme une occasion de prendre notre revanche. Puissance de la grâce de Dieu qui nous pousse vers la lumière tout en nous purifiant. Maintenant nous pouvons aimer grâce au souvenir de notre pauvreté.

**Réparer.**

Une question demeure. Celle de la réparation. Bien des choses pourraient être dites. Je pense surtout à celui qui a été brisé. Des blessures sont irréparables. Je ne connais pas d'autre chemin que celui-ci : mettre notre pardon dans le pardon de Dieu. Ce don, cette remise à Dieu qui a envoyé son Fils non pour condamner le monde mais pour le sauver par la croix, ce don de nous-mêmes dans le don de Dieu, voilà le chemin. C'est un chemin rude, c'est un chemin long, mais il nous fait entrer dans la manière d'être du Père. J'y reviendrai.

Je voudrais maintenant regarder la réparation du côté de celui qui a péché, qui a péché gravement peut-être. Le besoin de réparer fait partie intégrante de la conversion. Ne pas honorer cette étape du retour à Dieu risque de rendre notre vie spirituelle sans véritable profondeur. Il manquerait à l'amour de s'exprimer enfin dans sa nouvelle beauté.

Là encore, la pécheresse dont nous avons entendu le récit au début de notre entretien va nous aider, ainsi que les paroles du bienheureux Jean-Joseph Lataste. Il commente notre évangile. Il s'adresse aux prisonnières de Cadillac. Son enseignement peut nous toucher dans notre désir de réparer le mal que nous avons fait. Nous demandons : que dois-je faire ? Changer ma vie ? Le père Lataste répond : non ! Ce qu'il convient de faire, c'est de réorienter ce que nous sommes vers le bien. Mais ses paroles sont plus précises. Écoutons.

> Avez-vous remarqué ceci : c'est que Madeleine, la pécheresse, se sert pour exprimer au Sauveur son repentir et son amour des mêmes choses qu'elle employait autrefois pour le péché et à témoigner aux misérables créatures ses amours criminelles : ses parfums, ses baisers, ses cheveux… elle les emploie au service du Sauveur ; et les purifie à ce contact sacré. C'est ainsi qu'il faut faire. Il n'est rien de bon qui ne nous vienne de Dieu et qu'il ne nous ait donné pour l'aimer.

Magnifique ! Marie-Madeleine se sert pour aimer Dieu de ce qui la conduisait au mal. Comprenons, et c'est encore le père Lataste qui parle :

Toutes ces choses (le corps, l'esprit, tout ce qui fait notre être et notre vie) c'est Dieu qui vous les a données et il veut que vous en usiez pour le bien. Reportez tout cela vers Dieu, dépensez à l'aimer et à le servir désormais, dépensez à expier vos fautes et à lui faire oublier le passé, toute la force de votre âge, toute l'activité de votre âme, toute la lumière de votre âme, tout l'élan et toutes les tendresses de votre cœur [1] !

Quelle liberté ! Il ne nous est pas demandé de changer de vie en niant ce qui fait notre vie présente ; il nous est demandé d'aimer, d'aimer enfin.

Concluons. Comme Marie-Madeleine a été pardonnée parce qu'elle a beaucoup aimé, comme la Samaritaine, pardonnée elle aussi, est devenue le témoin de l'amour du Christ au milieu des siens, gardons le souvenir des pardons reçus ou donnés. Notre vie deviendra témoignage des merveilles de Dieu.

Tu as préparé, Seigneur,
pour nous qui sommes faibles,
les secours dont nous avons besoin ;
donne-nous,
à la prière de la Vierge Marie,
d'accueillir avec joie notre relèvement
et d'en témoigner par la fidélité de notre vie.
Par Jésus, le Christ, notre Seigneur.

1. *Ibid.*, p. 128-129.

# 6

# Pardonner comme Dieu pardonne

# Père, pardonne-leur !

*Lorsqu'ils furent arrivés au lieu appelé Crâne, ils l'y crucifièrent ainsi que les malfaiteurs, l'un à droite et l'autre à gauche. Et Jésus disait : « Père, pardonne-leur : ils ne savent pas ce qu'ils font »* [Lc 23, 33-34].

Pour achever notre parcours sur le pardon, il nous faut remonter jusqu'à la source : le Père. Le Père des miséricordes, le Père origine de tout bien, le Père plein de tendresse et de pitié, qui pardonne, pardonne, pardonne sans fin. Immensité de son amour au-delà de tout mal ! Le Père reçoit l'enfant prodigue et le couronne de son amour. Aujourd'hui, levons les yeux vers lui : son Fils lui demande miséricorde pour nous tous : *Père, pardonne-leur : ils ne savent pas ce qu'ils font.* Deux questions : d'abord, comment le Père nous pardonne-t-il ? Ensuite, que pouvons-nous faire, nous-mêmes, en retour ? Et enfin, non plus une question, mais une exclamation : qu'elle est grande, la joie du pardon !

## Comment Dieu nous pardonne-t-il ?

*Comme Père.*

Toute l'Écriture ne cesse de nous montrer que Dieu pardonne. Il est Père. Dieu emploie même des comparaisons qui montrent en lui des sentiments paternels, mais aussi maternels. En Isaïe, la sainte colline de Sion, le cœur de Jérusalem avait dit : *Dieu m'a abandonnée ; le Seigneur m'a oubliée.* Et le Seigneur de lui répondre par cette image si familière : *Une femme oublie-t-elle son petit enfant, est-elle sans pitié pour le fils de ses entrailles ? Même si les femmes oubliaient, moi je ne t'oublierai pas. Vois, je t'ai gravée sur les paumes de mes mains* (Is 49, 15-16). Nous comprenons tout de suite cette image, elle nous touche ! Cela ne veut-il pas dire qu'il y a au fond de tout homme la possibilité de pardonner, que tout être humain est capable d'aimer au-delà de tout ? Toute l'Écriture nous révèle l'amour sans borne de Dieu, un amour que nous pouvons recevoir et donner. Comment une mère serait-elle arrêtée par les fautes de ses enfants qui demeurent l'objet de son amour ? Nous sommes les enfants de Dieu, il nous aime. Pourtant la question demeure : comment nous montre-t-il son pardon ?

Depuis toujours, nous sommes dans le cœur de Dieu, voilà ce qu'il faut dire en premier. Saint Paul a des paroles qui illuminent toute vie : *Dieu et Père de notre Seigneur Jésus-Christ* [...] *nous a choisis, dans le Christ, avant que le monde fût créé, pour être saints et sans péché devant sa face, grâce à son amour* (Ep 1, 3-4). Oui, nous sommes dans le cœur de Dieu depuis toujours. Avant que le monde ne soit, déjà, Dieu nous aimait, Dieu nous espérait, Dieu nous pardonnait, Dieu voyait notre lumière d'éternité ! Quel réconfort pour nous qui sommes alourdis par nos fautes : Dieu voit bien plus loin, il est Père, il se réjouit de nous voir vivants. Oui, Dieu nous montre son pardon, simplement en se réjouissant de nous avoir pour ses enfants. Voilà pourquoi Thérèse de l'Enfant-Jésus voulait tant se jeter dans les bras de Dieu.

*Le Père nous envoie son Fils, le Fils de son amour.*

Peut-il faire davantage ? Il a envoyé des prophètes, il nous a parlé de bien des manières… Il nous envoie son Fils bien-aimé, son Unique. Il nous donne celui qui est, de toute éternité, sa joie, son amour. Son Fils Jésus nous montre le chemin du retour, la lumière de la vérité, la plénitude de la vie. Jésus nous révèle, et le pardon du Père : *Tes péchés sont pardonnés*, et le chemin du retour : *Va et ne pèche plus !* Mais sur la croix tout est dit : *Père, pardonne-leur : ils ne savent pas ce qu'ils font.* Jésus a assumé toute notre humanité, son histoire depuis le premier Adam jusqu'au dernier. Il a assumé les ombres, les ténèbres, les violences et les lâchetés, mais aussi nos désirs profonds de justice, de paix et d'amour de Dieu. Jésus a tout assumé et il l'offre au Père. *Père !* s'écrie-t-il. Lui seul peut s'écrier ainsi, il est le Fils.

Autrefois, Abraham était intervenu pour sauver Sodome et Gomorrhe de leurs péchés et espérait qu'il y aurait bien dix justes pour les sauver de la perdition (Gn 18, 16-33). Pouvait-il insister davantage ? Avait-il une fausse idée de Dieu qui lui inspirait la peur ? Ou, plutôt, l'ami de Dieu tenait-il, par respect, à ne pas insister de trop et le laisser libre de juger comme il convenait ? Il n'y avait pas dix justes. Ce fut la ruine. Jésus, lui, du haut de la croix peut, en sa qualité de Fils unique, aller plus loin qu'Abraham. Il peut dire à son Père : *Père, pardonne-leur !* Pardonne-leur, non à cause de dix justes comme le demandait mon père Abraham, ton serviteur qui annonçait déjà mon intercession auprès de toi ! Non, Père, pardonne-leur à cause de moi ! Regarde ton Fils, ton Unique, le Fils de ton amour ! Regarde, je suis la lumière du monde pour chasser les ténèbres, je suis ton Fils, le Juste qui peut intercéder pour le monde ! Vois, Père, je suis monté sur la croix d'ignominie, je vais descendre aux enfers, je suis déjà allé partout dans les coins et recoins de l'âme humaine ; j'ai tout vu, tout assumé, tout éclairé : *Père, pardonne-leur !*

Et Jésus ajoute cette affirmation qui nous confond : *Ils ne savent pas ce qu'ils font.* Déjà Jésus demande au Père le pardon à cause de lui, mais son amour va plus loin, il lui fait voir autrement. *Ils ne savent pas ce qu'ils font.* Dit-il cela pour excuser nos terribles faiblesses, les crimes des hommes ? Non, ce serait manquer à la vérité. Jésus a prononcé des paroles si fortes et si abruptes pour ouvrir les yeux des pécheurs qu'on ne voit pas pourquoi il chercherait maintenant à atténuer ce qui est si mauvais. Non, il n'excuse pas. Il dit comment l'amour voit. On se souvient de Joseph, le fils de Jacob, vendu par ses frères. Joseph devient le bras droit de Pharaon. La famine arrivant, ses frères viennent chercher à manger auprès de Pharaon. Joseph les reçoit et finit par se faire reconnaître. Épouvante des frères ! Joseph pouvait se venger. Ce n'est pas ce qu'il fait. Il pardonne et explique son geste de pardon. Il ne dit pas : « Vous m'avez vendu, je devrais me venger, mais je ne le fais pas. » Il dit : *Ne soyez pas chagrins et ne vous fâchez pas de m'avoir vendu ici, car c'est pour préserver vos vies que Dieu m'a envoyé ici en avant de vous* (Gn 45, 5). Comme Dieu a envoyé Joseph en Égypte pour sauver ses frères de la famine, de même le Père a envoyé son Fils chez les hommes pour les sauver de la mort. En disant : *Ils ne savent pas ce qu'ils font*, Jésus, comme Joseph, donne un sens positif à ce qui est marqué par le mal. Jésus affirme davantage : « Ils ne savent pas que ma mort donnera la vie par l'offrande de moi-même. » La mort et la résurrection de Jésus nous montrent le pardon de Dieu.

*Le Père nous envoie le Saint-Esprit.*

Dieu nous montre son amour de Père par le don de son Fils, mort et ressuscité pour nous. Mais il ne faut pas s'arrêter là. Il nous montre son pardon par le don du Saint-Esprit. C'est l'Esprit-Saint qui nous permet de vivre du Christ, le Fils qui nous donne accès auprès du Père. En dehors du Saint-Esprit, nous ne pouvons rien connaître du Père et du Fils. Lorsque nous intercédons pour les autres, nous avons un argument décisif : l'Esprit qui nous fait vivre du Christ, l'Esprit qui imprime tous les sentiments du Fils Jésus en notre cœur, l'Esprit nous inspire et nous fait dire : « Père, pardonne-leur à cause de ton Fils qui vit en moi. » « Pardonne-leur ! Ma vie c'est le Christ ! Mon pardon, c'est celui que ton Fils m'a révélé ! Mon amour, c'est le tien ! » Chacun, ensemble, nous pouvons nous adresser au Père, source de tout pardon, et demander miséricorde. Ainsi pouvons-nous entrer dans le désir du Père de sauver tous les hommes, entrer dans le regard du Père sur les pécheurs, dans l'amour du Père pour ceux qui font tant de mal. Aimer nos ennemis, cela est fondamental.

L'Esprit nous fait entrer dans un grand mystère. Comment pouvons-nous répondre au pardon que Dieu donne ? L'Esprit nous fera vivre du Christ qui, lui, ne vit que du Père. C'est ce que nous allons voir maintenant.

## Comment répondre au pardon de Dieu ?

*Entrer dans son regard de Père.*

Voici une des pages les plus belles que je connaisse sur le pardon. Nous sommes au Burundi, en 1997. Le père Zacharie Bukuru est recteur d'une école qui est aussi séminaire. Montent de plus en plus la terreur, la fureur des massacres. Buta, le lieu de l'école, est encore calme. Mais tous pressentent le malheur. Pressentiment ? Certes. Surtout le Saint-Esprit repose sur ce père Zacharie. Le soir, il instaure des discussions entre les aînés de l'école, ils ont entre seize et vingt-quatre ans. Un dialogue profond s'établit entre Hutus et Tutsis. Les uns disent ce qu'ils savent sur les autres, ce qu'ils leur reprochent. Rien n'est laissé dans l'ombre. Tout est dit, parfois avec force. De jour en jour, par cette vérité qui se dit, une unité se fait. Les séminaristes deviennent frères. La nuit du 30 avril 1997 est le moment du massacre. Tournons-nous vers le père Zacharie d'abord. Nous allons voir comment Dieu fait entrer son enfant dans son pardon.

Si je parle du pardon, ce n'est pas par méconnaissance de ces situations tragiques qui existent dans nos pays en guerre. Simplement, comment pourrai-je ne pas traduire en acte l'expérience que je viens de vivre à deux doigts de la mort, quand le mur qui me séparait de mes ennemis est devenu comme transparent et que j'ai vu la détresse de ces cœurs abîmés par la haine qui les habite, ennemie de l'homme et de Dieu ? Quand j'entendais les assaillants se jeter sur ma porte en criant désespérément *« Mena »* (« Cassez »), j'ai compris leur misère intérieure. L'espace d'un instant, il m'a été donné de voir ce cœur de l'homme « malade » tel que Dieu le regarde dans sa tendresse de père. J'ai alors compris la valeur du pardon que nous devons accorder

> « à ceux qui nous ont offensés » comme nous le disons dans la prière que Jésus nous a apprise. C'est par là que doivent passer notre propre croissance et notre véritable guérison… sinon nous restons humainement et spirituellement des nains. Je suis bien conscient d'avoir reçu là, gratuitement, une grâce déposée dans mon cœur au moment opportun. Car rien – même si je l'avais « voulu » – n'aurait par ailleurs pu m'amener à pardonner si vite aux assassins de mes enfants [1].

La grâce du pardon que Dieu donne au père Zacharie est une grâce de paternité. Il voit avec la tendresse du Père des miséricordes, avec le regard du Père regardant le monde à travers son Fils sur la croix. C'est à travers son Fils Jésus, comme à travers son fils, le père Zacharie, que Dieu, Père, veut sauver ses enfants. Grâce de paternité. Recteur de ce séminaire, il est bien un père pour ceux-là qu'il appelle « ses enfants » et qui le révèrent comme tel. Mais la grâce en lui fait davantage : il devient père pour ceux qu'il appelle « ennemis » et qui vont massacrer ses enfants. Il regarde leurs « cœurs malades », « abîmés par la haine qui les habite, ennemie de l'homme et de Dieu ». Sa grâce, c'est de regarder comme Dieu regarde. C'est la grâce des grâces, c'est la guérison, c'est le salut, c'est la source de toute bénédiction pour les ennemis qui

1. Zacharie BUKURU, *Les Quarante Jeunes Martyrs de Buta, Burundi, 1997*, Paris, Karthala, 2004, p. 145.

sont enfin regardés avec amour. *Père, ils ne savent pas ce qu'ils font.*

« Nous comprenons la valeur du pardon », dit le père Zacharie. Ces mots respirent la liberté. Dieu lui donne la grâce de pardonner comme un père. Il consent de tout son cœur, avec foi totale, avec humilité à ce que Dieu fait en lui. Il se sent comme emporté dans ce pardon et il ne désire que le salut de tous. N'était-ce pas son but lorsque, inspiré par l'Esprit-Saint, il instaurait ces dialogues si profonds entre les séminaristes pour faire germer la paix ?

Pendant que le père Zacharie vit ce drame et cette grâce de Dieu, les jeunes séminaristes sont dans leur dortoir, c'est la nuit. Ils sont réveillés. Des gens, ivres de haine, ordonnent : « Les Hutus d'un côté, les Tutsis de l'autre ! » Les jeunes sont les uns à côté des autres. Personne ne bouge. Deuxième puis troisième sommation. Aucun ne remue. Ils sont tous massacrés. Un ou deux jeunes réchappent, car il y a toujours, dans la longue histoire des martyrs chrétiens, des rescapés pour témoigner de la sainteté de leurs frères. Un jeune, du nom de Willermin, dit : « De toute façon nous n'en réchapperons pas, mourons dignement. » Le Christ, lui, disait : *Ma vie, nul ne la prend, c'est moi qui la donne.* À plusieurs reprises, des jeunes disent : *Père, pardonne-leur : ils ne savent pas ce qu'ils font.* Lorsque le père Zacharie peut rejoindre ses enfants, il s'entend dire par ceux qui sont sur le point de mourir : « Vous voyez, père, on ne s'est pas séparés. » C'est le sommet de leur don. Dans le martyre de ces quarante jeunes, le Christ revit tout son sacrifice. Ces jeunes vivent de la mort et de la vie du Christ. Le pardon est toujours au centre du don de la vie des martyrs. « On ne s'est pas séparés ! » Les martyrs hutus et tutsis, morts ensemble à cause du Christ, sont les semences d'unité d'un peuple au-delà de tout.

Je vous ai dit souvent qu'il fallait mettre notre pardon dans le pardon de Dieu, que nous ne pouvions pas pardonner sans le Seigneur qui, lui, sait faire aboutir nos pardons si faibles. Aujourd'hui je peux ajouter : c'est Dieu qui met son pardon dans le nôtre. C'est lui qui nous donne cette grâce de paternité pour regarder ceux qui nous ont offensés avec un regard d'espérance au-delà de toute espérance.

Nous sommes profondément touchés par ce témoignage de nos frères d'Afrique. Buta, avec ses quarante tombes, ne peut être que source de paix et de bénédiction pour cette terre. Saint François d'Assise disait à ses frères : « Mes petits frères, soyez comme des mères les uns pour les autres. » Ah ! Si nous regardions avec cette tendresse et cette espérance !

## La joie du pardon.

Qu'elle est grande la joie du pardon ! Entrons dans l'action de grâces pour le pardon que Dieu nous donne, pour cette grâce de paternité. Pardonner comme Dieu pardonne. Voici une autre histoire, simple, bouleversante, mais si lumineuse. C'est le père Henri Caffarel, fondateur des Équipes Notre-Dame, qui nous la raconte. Il recevait une veuve qui lui demandait de l'accompagner dans sa vie spirituelle. Le père Caffarel l'invite à lui dire son itinéraire avec le Seigneur. Voici sa réponse.

> C'est à Serge, mon mari, que je dois ma vie intérieure. Plus précisément à son attitude envers moi lors d'une phase peu glorieuse de ma vie conjugale : mariée depuis cinq ans, mère de deux enfants, je lui étais infidèle. Je l'aimais pourtant. Ne voulant pas saccager son bonheur, je veillais à ce qu'il ne pût rien soupçonner.
>
> Son amour pour moi, d'une exceptionnelle qualité, s'approfondissait de jour en jour. Au cours d'une veillée – je m'en souviens comme si c'était hier – il m'exprima, en termes qui m'atteignirent au cœur, sa tendresse, son estime, son admiration. C'en était trop. Je laissai échapper : « Si tu savais ! » – « Je sais », me répond-il. Ces mots firent exploser en moi une indignation aussi violente qu'injuste : « Alors, pourquoi me jouer cette affreuse comédie ? De deux choses l'une : ou tu ne souffres pas de ce que tu sais et c'est la preuve que tu ne m'aimes pas, ou tu es bouleversé et ta sérénité n'est que mensonge ! » J'étais hors de moi, agressive, railleuse, blessante. Il attendit que l'orage se fût apaisé. Puis, calmement, gravement, tendrement, il ajouta : « Comprends ! Depuis six mois j'ai cruellement souffert, mais ma souffrance à moi était supportable car elle ne m'abîmait pas, tandis que toi, ton mal t'abîmait, chose intolérable à mon amour. Je vis clairement ce que j'avais à faire, cela seul que je pouvais faire : t'aimer plus encore qu'auparavant pour que tu ressuscites à l'amour et que cet amour tout neuf, non

> seulement brûle ton mal à sa flamme mais te fasse un cœur nouveau, une pureté nouvelle, une beauté plus rayonnante que jamais. » Et l'amour de Serge fit de moi cet être nouveau [1].

Ce récit est un des plus beaux hymnes à l'amour, à la force de l'amour de Dieu incarné dans l'amour humain. Le pardon est ici le beau nom de l'amour. Cet homme, lui aussi, comme le père Zacharie, aime comme Dieu, le Père. Pour cet homme marié, la paternité de Dieu s'insère dans l'amour conjugal et fait tout aboutir dans la paix. *Qui nous séparera de l'amour de Dieu pour nous ?* (Rm 8, 35.)

Au terme de ce parcours, permettez-moi de vous donner un conseil : ne doutez pas ! Ne remettez pas en cause les dons de Dieu, ni votre pardon. Quand Dieu pardonne, il ne reprend pas sa parole ! Nous, soyons fidèles, ne doutons pas ! Quand nous pardonnons, quand nous avons pris le chemin, parfois long et laborieux, du pardon, quand nous avons posé un acte, ne serait-ce que cette remise de notre pardon à Dieu pour qu'il puisse le transmettre à l'autre dans le silence ; quand nous avons enfin renoué avec Dieu, avec l'autre, ne doutons pas. Le tentateur revient toujours pour mettre de la suspicion dans les souvenirs de notre passé. Ne nous laissons pas détourner. Le pardon est un acte de foi d'abord et non de la sensibilité. Que la foi nous accompagne

1. Henri CAFFAREL, *Aux carrefours de l'amour*, Paris, Parole et Silence, 2001, p. 89-90.

toujours, que la foi nous fasse dominer l'avenir de nos vies. Le pardon ouvre à la lumière.

Ne doutez pas ! Le pardon fait revivre l'autre dans ce qu'il a de meilleur en lui : enfin, il est regardé avec le véritable amour qui ne s'arrête pas à la faute, mais qui espère toujours. Le pardon est une œuvre de résurrection. Nous communions à l'amour de Dieu qui fait vivre. Celui qui est pardonné peut devenir un être nouveau et le pardon qu'il reçoit, qui le transforme, rejaillit sur celui qui lui a pardonné : ils deviennent des frères, enfin ! La bénédiction de Dieu emplit le cœur de l'un et de l'autre. Joie immense du pardon ! Joie de résurrection ! C'est Pâques.

Entendons encore cette parole, éblouissante d'amour de notre Sauveur : *Père, pardonne-leur : ils ne savent pas ce qu'ils font.* Au pied de la croix, Marie, la mère de Jésus, communie au don de son fils, le Fils de Dieu. Avec elle, soyons là auprès du Seigneur pour nous donner tout entier. Au matin de Pâques, nous verrons la lumière du pardon.

Dieu de miséricorde, notre Père,
tu as réconcilié le monde avec toi
par le sang de ton Fils
et par la puissance du Saint-Esprit.

Accorde-nous,
par l'intercession de la Vierge Marie conçue sans péché,
d'obtenir le pardon de nos fautes
et la grâce de la réconciliation.
Par Jésus, le Christ, notre Seigneur.

## Table des matières

*Composition et mise en pages :*
FACOMPO, LISIEUX

N° d'édition : 15743
N° d'imprimeur : 021344250
Achevé d'imprimer : février 2013
par Présence Graphique
Dépôt légal : janvier 2013